「一带一路」列国人物传系 总主编◎王丽

睦邻通商航海路

宋代10人传

唐迪 徐帮学◎主编

中国出版集团公司
華文出版社

图书在版编目（CIP）数据

宋代10人传 ：睦邻通商航海路 / 唐迪，徐帮学主编. -- 北京 ：华文出版社，2017.5（2019.11重印）
（“一带一路”列国人物传系）
ISBN 978-7-5075-4688-0

Ⅰ. ①宋… Ⅱ. ①唐… ②徐… Ⅲ. ①历史人物－列传－中国－宋代 Ⅳ. ①K820.44

中国版本图书馆CIP数据核字（2017）第081039号

宋代 10 人传

主　　编：唐　迪　徐帮学
责任编辑：谭　笑
出版发行：华文出版社
社　　址：北京市西城区广外大街 305 号 8 区 2 号楼
邮政编码：100055
网　　址：http://www.hwcbs.com.cn
投稿信箱：784263235@qq.com
电　　话：总 编 室 010－58336239　发 行 部 010－58336267/58336266
　　　　　责任编辑 010－58336237
经　　销：新华书店
印　　刷：保定市铭泰达印刷有限公司
开　　本：880×1230　1/32
印　　张：8.875
字　　数：145 千字
版　　次：2018 年 3 月第 1 版
印　　次：2019 年11月第 2 次印刷
标准书号：ISBN 978-7-5075-4688-0
定　　价：38.00 元

“‘一带一路’列国人物传系”编辑委员会

总　序

群星闪耀“一带一路”

“2100多年前，中国汉代的张骞肩负和平友好使命，两次出使中亚，开启了中国同中亚各国友好交往的大门，开辟出一条横贯东西、连接欧亚的丝绸之路。”①2013年9月7日，中国国家主席习近平在哈萨克斯坦纳扎尔巴耶夫大学发表演讲，以博古通今的睿智对大学生们娓娓道来丝绸之路古老而年轻的故事。

“我的家乡陕西，就位于古丝绸之路的起点。站在这里，回首历史，我仿佛听到了山间回荡的声声驼铃，看到了大漠飘飞的袅袅孤烟。这一切，让我感到十分亲切。哈萨克斯坦这片土地，是古丝绸之路经过的地方，曾经为沟通东西方文明，促进不同民族、不同文化相互交流和合作作出过重要贡献。

① 《习近平谈治国理政》，外文出版社，2014年10月第1版，第287页。

东西方使节、商队、游客、学者、工匠川流不息，沿途各国互通有无、互学互鉴，共同推动了人类文明进步。”“不同种族、不同信仰、不同文化背景的国家完全可以共享和平、共同发展。这是古丝绸之路留给我们的宝贵启示”，“为了使我们欧亚各国经济联系更加紧密、相互合作更加深入、发展空间更加广阔，我们可以用创新的合作模式，共同建设‘丝绸之路经济带’”。[①]推己及人，高瞻远瞩，引领时代，习主席在阿斯塔纳[②]通过哈萨克斯坦人民，首次向世界发出了让古老的丝路精神再次焕发青春和光彩的时代宣言。

2013 年 10 月 3 日，习主席在印度尼西亚国会发表了题为《共同建设二十一世纪“海上丝绸之路”》的演讲：“东南亚地区自古以来就是‘海上丝绸之路’的重要枢纽，中国愿同东盟国家加强海上合作，使用好中国政府设立的中国－东盟海上合作基金，发展好海洋合作伙伴关系，共同建设 21 世纪‘海上丝绸之路’”，“发挥各自优势，实现多元共生、包容共进，共同造福于本地区人民和世界各国人民”。[③]这个倡议和 9 月 7 日的演讲异曲同工、

① 《习近平谈治国理政》，外文出版社，2014 年 10 月第 1 版，第 287 页。

② 哈萨克斯坦新首都名称。

③ 同①，第 293–295 页。

遥相呼应、互为映衬，完整地提出了“丝绸之路经济带”和“21世纪海上丝绸之路”的宏伟构想。

从广袤的亚欧腹地哈萨克斯坦到风光旖旎的印度尼西亚，习主席提出的“丝绸之路经济带”和“21世纪海上丝绸之路”吸引了世界各国的目光。从2013年9月至2016年8月，习近平出访37个国家（亚洲18国、欧洲9国、非洲3国、拉美4国、大洋洲3国），对“一带一路”倡议的总体框架和基本内涵做了充分阐述。和平合作、开放包容、互鉴互学、互利共赢的丝路精神，共商、共建、共享的合作理念，驱散了“去全球化”的阴霾，为增长低迷的世界经济注入新的动能。各国纷纷将本国经济发展与中国政府制定的《推动共建丝绸之路经济带和21世纪海上丝绸之路的愿景与行动》规划相衔接。“一带一路”倡导的政策沟通、设施联通、贸易畅通、资金融通、民心相通等“五通”，正在以基础设施、经贸合作、产业投资、能源资源、金融支撑、人文交流、生态环保、海洋合作等为载体和依托，在全球掀起了投资兴业、互联互通、技术创新、产能合作的新势头。2016年中国牵头成立有57个成员国加入的亚洲基础设施投资银行（AIIB），2017年3月23日迎来13个新伙伴。孟加拉配电系统升级扩容项目、印尼全国棚户区改造项目、巴基斯坦国家高速公路项目和塔吉克斯坦杜尚别至乌兹别克斯坦道路改造项目已经获得亚投行金融支持，共商共建成为现实。

“一带一路”倡议得到国际社会的热烈响应。2016 年 11 月 17 日，第 71 届联合国大会 193 个成员一致赞同，通过了第 A/71/9 号决议，欢迎“一带一路”倡议，敦促各国通过参与“一带一路”，呼吁国际社会为开展“一带一路”建设提供安全保障环境。2017 年 3 月 17 日，联合国安理会全票赞成，一致通过第 2344 号决议，呼吁国际社会凝聚援助阿富汗共识，通过“一带一路”建设等加强区域经济合作，敦促各方为“一带一路”建设提供安全保障环境。

2017 年 1 月，习近平主席在联合国日内瓦总部发表题为《共同构建人类命运共同体》的重要演讲，全面深入系统阐述人类命运共同体重大理念，在国际上引起热烈反响，受到各方普遍欢迎和高度评价。3 月 23 日，联合国人权理事会第 34 次会议通过关于“经济、社会、文化权利”和“粮食权”两个决议，决议明确表示要通过“一带一路”建设“构建人类命运共同体”。这是人类命运共同体重大理念首次载入人权理事会决议，标志着这一理念成为国际人权话语体系的重要组成部分。

“一带一路”不是中国的独角戏，是与亚、欧、非洲及世界各国共同奏响的交响乐。中国恪守联合国宪章的宗旨和原则，坚持开放合作、和谐包容、政策沟通，培育政治互信，建立合作共识，协调发展战略、促进贸易便利化及多边合作体制机制。中国携手100多个国家和地区，依托国际大通道，以陆上沿线中心城市为支撑，以重点经贸产业园区为合作平台，共同打造新亚欧大陆桥、中蒙俄、中国－中亚－西亚、中巴、孟中印缅、中国－中南半岛等国际经济合作走廊进展顺利，中欧班列在贸易畅通上动力强劲，风景亮丽；以海上重点港口为节点，共同建设通畅安全高效的运输通道，实现陆海路径的紧密关联和合作，太平洋、印度洋、大西洋上巨轮往来频繁，不亦乐乎。亚太经合组织、亚欧会议、大湄公河次区域合作等有关决议或文件，都体现了“一带一路”建设内容。丝路基金、开发性金融、供应链金融汇聚全球财富，建设绿色、健康、智慧与和平的丝绸之路，增进各国民众福祉。

“一带一路”是人类历史上从未有过的恢弘蓝图，也是横跨亚非欧连接世界各国的暖心红线。“丝绸之路经济带”包括中国经中亚、俄罗斯至欧洲（波罗的海），中国经中亚、西亚至波斯湾、地中海，中国至东南亚、南亚、印度洋；“21世纪海上丝绸之路”包括从中国沿海港口过南海到印度洋再延伸至欧洲和到南太平洋。一路驼铃声声、舟楫相望，互通有无、友好交往。

在新的时代，在创新古老丝路精神的伟大进程中，习主席专门缅怀丝路开拓者，特意致敬古丝路精神奠基人：“我们的祖先在大漠戈壁上‘驰命走驿，不绝于时月’，在汪洋大海中‘云帆高张，昼夜星驰’，走在了古代世界各民族友好交往的前列。甘英、郑和、伊本·白图泰是我们熟悉的中阿交流友好使者。丝绸之路把中国的造纸术、火药、印刷术、指南针经阿拉伯地区传播到欧洲，又把阿拉伯的天文、历法、医药介绍到中国，在文明交流互鉴史上写下了重要篇章。千百年来，丝绸之路承载的和平合作、开放包容、互学互鉴、互利共赢精神薪火相传。”[①]这种吃水不忘挖井人的情怀，再次展现了中华民族不忘历史、纪念先贤、展望未来的优秀文化基因，也为中国传记文学学会参加“一带一路”建设指明了方向和道路。

在古老的丝绸之路上，我们不曾相忘：张骞出使西域到过的哈萨克斯坦，山高水长的好邻居巴基斯坦，双头鹰下横跨欧亚之国俄罗斯，草原之国蒙

① 习近平：《弘扬丝路精神，深化中阿合作》，2014年6月5日，习近平在中—阿合作论坛第六届部长级会议开幕式上的讲话，《人民日报》6月6日第1版。

古，喜马拉雅浮世天堂尼泊尔，菩提恒河保佑之国印度，文化瑰宝伊朗，首创法典之国伊拉克，红海门户之国也门，石油王国沙特阿拉伯，波斯湾明珠巴林，雪松之国黎巴嫩，海湾之秀科威特，沙漠之巅阿联酋，半岛明珠之国卡塔尔，波斯湾霍尔木兹海峡守门人阿曼，万湖之国白俄罗斯，欧亚十字路口土耳其，流着奶和蜜之地以色列，欧洲粮仓乌克兰，亚平宁半岛上的文化巅峰意大利，阿尔卑斯之巅的瑞士，玫瑰之国保加利亚，与灵魂对话的思辨之国德意志，欧洲文化殿堂法兰西，欧洲客厅比利时，郁金香之国荷兰，热情如火的西班牙，还有正在脱欧的绅士国度英国，北非金字塔之国埃及，非洲屋脊奉马蹄莲为国花的埃塞俄比亚，香草大岛之国马达加斯加，等等。

沿着海上丝绸之路，我们会领略丛林花园之国马来西亚，花园国度新加坡，千岛之国菲律宾，赤道翡翠之国印度尼西亚；沿澜沧江一路南下，我们不曾相忘澜湄泽润之国越南，千佛之国泰国，高棉的微笑之国柬埔寨，万象之都老挝，印度洋上明珠之国斯里兰卡，印度洋上的明星和钥匙毛里求斯，堆金积玉之国文莱，追求自由之国东帝汶，印度洋世外桃源马尔代夫，骑在羊背上的国家澳大利亚，上帝的后花园新西兰，等等。

“一带一路”沿线国家里，那些千百年来影响了人类与国家、民族命运并与中国曾经有过交往的古今人物，至今还能在教科书、影视剧里看到他们，还能感受到他们在一代一代年轻人身上所生发的影响和魅力。

当然，对于中国人来说，更为熟悉的是丝绸之路的开拓者。曾记否？丝绸之路开拓者中，有汉武帝和他的使节们，有首开大唐盛世的唐太宗及其无数臣民，有再续睦邻通商航海路的宋祖朝廷和无数先贤，还有金戈铁马风漫卷的元代人物，一统江山万里帆的明代人物，环球凉热自清浊的清代人物，东西碰撞溅火花的近代人物，还有经受风雨变迁、勇立海国之志的现代人物，更有丝路明珠敦煌莫高窟的守护者，卫国助邻的将军和通司中外的外交家们。当然，数风流人物，还看今朝，我们不能不浓墨重彩地讴歌那些智通商海，投身到新丝路建设中的当代人物。

耕云播雨，香火延续，智慧传承，历史再续！2100 多年的友好交往历史从未隔断，惠及三大洲的中西交通从未停歇，21 世纪的“中国梦”和“世界梦”汇成了人类命运共同体的时代和弦，响彻在“一带一路”辽阔的长空。也正因如此，2017 年 5 月，北京喜迎来自“一带一路”相关国家的元首、政府首脑、前政要、知名企业家和专家学者等各界代表，以及国际组织的负责人等千名领袖，出席“‘一带一路’国际合作高峰论坛”。“千人盛会”共襄“团结互信、平等互利、包容互鉴、合作共赢”[①]之盛举，共商“沿线各国共同把蛋糕做大，一起分蛋糕”之合作共赢大计。这是中华民族和世界历史上都应该铭记的大日子。

以人物传记写作为己任的中国传记文学学会，在“一带一路”倡议实施中，肩负“讲好一带一路民心相通好故事”的使命和责任，这也是国家赋予我们的根本职责和任务。在中国文学艺术界联合会的领导下，在中国社会科学院国家全球战略智库指导下，中国传记文学学会以赤诚的家国情怀、强烈的时代精神、为人传记的责任担当，在认真调研、周密谋划、精心组织基础上，毅然决定倾注全力组织编写出版“‘一带一路’列国人物传系”。此煌煌百卷传系讲述近千名各国人物故事，集数百位专家作家尽心挥毫，去冬今春，夜以继日……幸得中国出版集团公司华文出版社出版发行。于是，各位读者得以读到手中的这套活泼而不失厚重、有趣而不失学养的列国人物合传书卷。

---

① 习近平：《弘扬人民友谊，共创美好未来》，2013年9月7日，习近平主席在哈萨克斯坦纳扎尔巴耶夫大学的演讲。

孔子曰："仁者，人也。"让各国的先贤智者的思想光辉，照亮我们探索人类未来的道路。

传记明志，落笔为文，是为总序。

中国传记文学学会会长

"'一带一路'列国人物传系"编委会总主编

王丽 博士

2018 年 3 月 8 日

General Editor's Preface

The Belt and Road Initiative was conceived in 2013. On September 7, 2013, Chinese President Xi Jinping proposed for the first time the blueprint in a speech at Nazarbayev University during his visit to Kazakhstan:

> Over 2,100 years ago during China's Han Dynasty, a Chinese imperial envoy Zhang Qian visited Central Asia twice to open the door to friendly contacts between China and Central Asian countries as well as the transcontinental Silk Road linking East and West, Asia and Europe.
>
> Shaanxi, my home province, is right at the starting point of the ancient Silk Road. Today, as I stand here and look back into history, I could almost hear the camel bells ringing in the mountains and see the wisps of smoke rising

from the desert. It has brought me close to the place I am visiting. Sitting on the ancient Silk Road, Kazakhstan has made important contributions to the exchanges and cooperation between different nations and cultures. This land has witnessed a steady stream of envoys, caravans, travelers, scholars and artisans traveling between the East and the West. The exchanges and mutual learning thus made possible have contributed to the progress of human civilization.

... Countries with differences in race, belief and cultural background are fully capable of sharing peace and development. This is the valuable inspiration we have drawn from the ancient Silk Road.

... To forge closer economic ties, deepen cooperation and expand development opportunities between Eurasian countries, we should innovate the mode of cooperation and jointly build an "economic belt along the Silk Road".[①] Considering the interests of the world commnity, taking a broad and long view and leading the new era, in Astana, President Xi, through the people of Kazakhstan, for the first time issued a declaration to the world that the old Silk Road

① Xi Jinping, *The Governance of China* (Beijing: Foreign Languages Press, 2014) 287.

spirit would once again be rejuvenated and radiant.

On October 3, 2013, President Xi brought up this topic again in his address to the Indonesian Parliament under the title "Jointly Building the 21st Century Maritime Silk Road":

> Southeast Asia has since ancient times been an important hub along the ancient Maritime Silk Road. China will strengthen maritime cooperation with ASEAN countries to make good use of the China-ASEAN Maritime Cooperation Fund set up by the Chinese government and vigorously develop maritime partnership in a joint effort to build the Maritime Silk Road of the 21st century. China is ready to expand its practical cooperation with ASEAN countries across the board, supplying each other's needs and complementing each other's strengths, with a view to jointly seizing opportunities and meeting challenges for the benefit of common development and prosperity.[①]

The two talks framed the full picture of the

① Xi Jinping, *The Governance of China* (Beijing: Foreign Languages Press, 2014) 293-295.

conceptual "Silk Road Economic Belt" and the "21st Century Maritime Silk Road", which are collectively referred to as "The Belt and Road Initiative". Between September 2013 and August 2016, President Xi visited 37 countries (18 in Asia, 9 in Europe, 3 in Africa, 4 in Latin America and 3 in Oceania), giving a full exposition of the Belt and Road Initiative, from its overall framework to various details. The milieus of peaceful and all-win cooperation, financial integration, trade liberalization, and people-to-people bonds dispel the haze of anti-globalization and inject new vitality to the stagnant world economy.

The Belt and Road Initiative has been received with global enthusiasm. On November 17, 2016, all 193 member states of the United Nations unanimously passed the Resolution No. A/71/9 during the 71st Session of the United Nations General Assembly. This resolution endorsed China's Belt and Road Initiative, encouraged UN member countries to participate in the Initiative, and urged the international community to provide a safe environment for the implementation of the Initiative.

The Belt and Road Initiative is not a solo of China, but a symphony of countries from Asia, Europe, Africa and the rest of the world. By observing the Charter of the United Nations, China adheres to openness and cooperation, harmony and inclusiveness as well as policy coordination in order to bolster mutual political trust, reach cooperation consensus, coordinate development strategies, facilitate trade, and introduce multilateral cooperation mechanisms. China has established partnerships with over 100 countries and international organizations with the goal of jointly building a new Eurasian Land Bridge and developing China–Mongolia–Russia, China–Central Asia–West Asia, China–Pakistan, Bangladesh–China–India–Burma, and China–Indochina Peninsula economic corridors by taking advantage of international transport routes, relying on core cities along the Belt and Road and using key economic industrial parks as cooperation platforms. At sea, the Initiative will focus on jointly building smooth, secure and efficient transport routes connecting major sea ports along the Belt and Road, so as to achieve a closer connection and cooperation between land and sea routes, with the Pacific, Indian and Atlantic Oceans frequented by ships and vessels. Meanwhile, the Asia-Pacific Economic Cooperation

(APEC), the Asia-Europe Meeting (ASEM), the Greater Mekong Subregion (GMS) Economic Cooperation and many other regional cooperation mechanisms have included the Belt and Road Initiative in their relevant resolutions and documents.

We shall never forget the countries along the ancient Silk Road: Kazakhstan, the country visited by the Han Dynasty imperial envoy Zhang Qian; Pakistan, China's friendly neighbor bound by mountains and rivers; Russia, a country symbolized by a double headed eagle; Mongolia, the prairie country; Nepal, the paradise on the Himalayas; India, a land blessed by the holy river Ganges; Iran, a country full of cultural treasures; Iraq, the country where the famous *Code of Hammurabi* originates from; Yemen, the gate to the Red Sea; Saudi Arabia, the kingdom of petroleum; Bahrain, the pearl of the Persian Gulf; Lebanon, a country of cedars; Kuwait, a rising star of the Persian Gulf; United Arab Emirates, a diamond on the desert; Qatar, a gem on the Arabian Peninsula; Oman, the gatekeeper of the Hormuz Strait; Byelorussia, a country with myriad lakes; Turkey, the center of the crossroads of Eurasia; Israel, a country full of milk and honey; Ukraine, the granary of Europe;

Italy, the pinnacle of culture on the Apennine Peninsula; Switzerland, a country in the Alps; Bulgaria, the land of roses; Germany, a home to great minds; France, the cultural palace of Europe; Belgium, the drawing room of Europe; the Netherlands, a garden of tulips; Spain, the land of passion; United Kingdom, the country of gentlemen which is breaking from the EU; Egypt, a country of pyramids in North Africa; Ethiopia, the roof of Africa whose national flower is Calla Lily; Madagascar, the island nation where vanilla grows, and so on.

The Maritime Silk Road links Malaysia, a country of forests and gardens; Singapore, the flowery country; the Philippines, the country of a myriad of islands; and Indonesia, the emerald of the equator. Along the Lantsang River down to the south, we will pass Vietnam, the land nourished by the Mekong River; Thailand, a country of thousands of Buddhist temples; Cambodia, the home to Khmer smiles; Laos, the land of a million elephants; Sri Lanka, a bright pearl in the India Ocean; Mauritius, the shining star and key of the Indian Ocean; Brunei, a kingdom of gold and green; East Timor, a nation of independence; Maldives, a paradise in the India Ocean; Australia, the nation riding on the sheep's back; New

Zealand, the back garden of God, and so forth.

In the countries along the Belt and Road, names of distinguished figures, ancient or modern, who have affected the destiny of mankind, who have rewritten the history of nations, and who have had contacts with China, can still be found in today's textbooks, films and TV shows. We can still feel their enduring influence and charm on generations of young people.

Of course, for the Chinese people, the pioneers of the ancient Silk Road are more familiar. Yet, those who have devoted themselves to the building of the new Silk Road equally deserve our respect. In May 2017 during the Belt and Road Forum for International Cooperation, Beijing welcomed thousands of guests from around the world, including heads of state, heads of government, former politicians, business leaders, experts, scholars, and principals of international organizations. They gathered together in the common spirit of solidarity and mutual trust, equality and mutual benefit, inclusiveness and mutual learning, and win-win cooperation, to discuss how countries along the Belt and Road can work together to make the "pie" bigger and shared by all for mutual benefit.[①] This is a big day that should be remembered as a landmark in the history of the Chinese nation and the world.

The Biography Society of China, which makes it its mission to promote biography writing, shoulders the task and responsibility of telling well the stories of friendly exchanges among people of countries along the Belt and Road. This is also the fundamental duty and task assigned to us by our nation. Therefore, through careful investigation and passionate planning, the Biography Society of China decided to publish a hundred-volume series titled *Remarkable Lives Along the Belt and Road*. This project receives support from the China Federation of Literary and Art Circles and guidance from the National Institute of International Strategy of Chinese Academy of Social Sciences. From last winter till this spring, hundreds of experts were working around the clock on the biographies of a thousand remarkable lives. Here the series is presented to you.

As Confucius said, "Humanity is of humans". Let the lights of those great minds and lives illuminate our future

---

① Xi Jinping, "Promote People-to-People Friendship and Create a Better Future", Speech delivered at the Nazarbayev University, Kazakhstan, September 7, 2013.

path of exploration.

Comments, criticism and suggestions will all be appreciated.

Dr. Wang Li

Chairwoman:

The Biography Society of China

General Editor:

Remarkable Lives Along the Belt and Road

March 8, 2018

目　录

Contents

引 言

“南海一号”是南宋时期在海上丝绸之路向外运送瓷器时失事沉没的一艘木质古沉船，它是世界上发现的海上沉船中年代最早、船体最大、保存最完整的远洋贸易船只。它于1987年被发现，它的沉没地点在广东省阳江市南海海域。这对丝绸之路的考古研究有着十分重要的价值。

“南海一号”距今有800多年的历史。2007年12月22日，“南海一号”被整体打捞出水，现在被放置在广东海上丝绸之路博物馆的“水晶宫”内。自2008年起，经过7年多的保护发掘，南宋古沉船和罕见的南宋瓷器得以重见天光。

“南海一号”商船是南宋时期的木质船，经考证推断，它是一艘尖底船，全长约 30 米，宽约 10 米，高约 3 米，比一层普通楼房还高。后试探发现，上载有文物 6 万至 8 万件,且有不少是价值连城的国宝级文物。这些文物以瓷器为主，包括德化窑、磁灶窑、景德镇窑和龙泉窑系的精品，绝大多数完好无损。我国将其命名为“南海一号”，认为这是国内发现的第一个沉船遗址，意味着一个开始。“南海一号”的发现和打捞，其意义不仅在于找到了一船数以万计的稀世珍宝，还在于它蕴藏着超乎想象的信息和非同寻常的学术价值。同时还可以填补与古代中国海上丝绸之路密切相关的一段历史空白，也可能带来海上丝绸之路学的兴起。

“南海一号”的出现，让我们沿着年代久远的历史河流，回到了丝绸之路，回到了两宋时期。

宋朝是中国历史上，上承五代十国、下启元朝的朝代，分北宋和南宋两个阶段。公元 960 年，后周诸将发动“陈桥兵变”，拥立赵匡胤为帝，建立宋朝。赵匡胤为避免晚唐藩镇割据和宦官专权乱象，采取重文抑武方针，一方面加强了中央集权，另一方面剥夺武将兵权。宋太宗继位后统一全国，至宋真宗时期与辽国缔结“澶渊之盟”后逐渐步入治世。北宋靖康二年（1127），金国大举南侵，导致了靖康之乱，北宋灭亡。皇族赵构即位，建立了南宋，宋室南迁。“绍兴和议”

“南海一号”沉船上打捞的器物

后与金国以秦岭淮河为界，后期爆发宋元战争，南宋景炎元年（1276），元军攻占临安，祥兴二年（1279）崖山海战爆发，南宋灭亡。

与北宋并存的北方少数民族政权有辽（契丹），在辽的北方有蒙古族的政权，在北宋的西北部是西夏，还有东北女真族的金等。

宋代的社会经济在整个中国封建社会中是发展较快的，这在江南地区表现得尤为明显。由于北方屡遭战乱，大量人口不断南迁，使南方的农业生产不断进步。宋朝政府在经济体制上进一步完成了变革，地主阶级土地兼并方式上，以购买土地方式取代传统的土地世袭制度，剥削方式上，以实物地租取代徭役地租。鼓励农民“广植桑枣，垦辟荒田者，止输旧租”，并承诺“所垦田即为永业田”(《宋史·食货志上》)。元朝政府则继续吸收宋朝时期的生产方式与生产技术，并成立“锄社”，加强对劳动力的管理与使用。这些措施相对提高了农民的劳动热情，加上精耕细作、兴修水利和培育优良稻种，使农业得到较快的发展，出现了“垦辟至广”“地狭人稠”和“苗无荒秽，岁皆丰熟”(元·王祯：《农书》卷五，《农桑通诀·锄治篇》)的局面。具体表现如下：

1. 农业生产的发展

农民在生产过程中注意改进和创造生产工具。宋代犁铧式样较多，主要有尖头和圆头两种，适用于耕作不同的土壤。在洛阳等地出土的有两式铧、桃形铧，在扬州出土的铁铧犁，刃边是优质钢，带有光泽，这些犁铧便于翻土深耕。脚上安装铁铧的耧车已在北方普遍使用，提高了播种速度。其他常用农具齐全配套，碎土、疏土普遍使用铁耙，除草工具有弯锄和镫锄。为解决耕牛缺乏，宋代劳动人民创制了木质踏犁，四五人使用踏犁，可比一犋牛犁，提高了人力耕地的效率。北宋劳动人民又创造了插秧新工具——“秧马”，秧马又名秧船或秧凳，是一种水稻拔秧移栽乘坐器具，形如小木船，“日行千畦，使之伛偻而作者，劳佚相绝矣”

秧马

（苏轼：《秧马歌·并引》），减小了劳动强度，提高了插秧的速度。在南方较普遍使用龙骨翻车和筒车引水灌田。南方育秧能注意秧田修治，择土所宜，适时播种，还有一套稻麦两熟的耕作方法。南北方优良作物品种得到了交流，福建较早引进了占城稻（原产越南中部），这些品种有早熟、耐旱、产量高的特点；宋政府从福建运3万斛稻种，在长江、淮河流域推广。水稻种植范围也扩大到北方，在河北“自顺安（今高阳）以东濒海，广袤数百里，悉为稻田”（《宋史》卷二七三），“民赖其利”；而北方的粟、麦、黍、豆等作物亦在南方种植。经济作物的种植也有发展，桑麻在全国普遍种植，甘蔗在浙、闽、广、川一带种植，四川出现了不少以种蔗制糖为生的糖霜户。棉花的种植在闽广逐渐推广。茶叶种植遍及今江苏、浙江、安徽、福建、江西、湖南、湖北、四川等地。江南、两浙、荆湖、福建等地区供应给政府专卖机构的茶叶每年达一千四五百万斤。

由于工具的改进，水利的兴修，各地因地制宜，开辟了大量耕地。长江、淮河和钱塘江一带，凡低洼地均改造为圩田，每圩数十里。湖南、江西、福建山区开辟了梯田（又称山田），如江西抚州（今临川）、袁州（今宜春）等地，农民把岭坂开辟成田，层层而上，直至山顶；福建还沿山导水灌田；湖南也开辟山田种稻。圩田、山田的出现，使垦田面积大为增加，据《文献通考》统计，宋太祖开宝九年（976）垦田数有 295 万多顷，至宋真宗天禧五年（1021）垦田数达 524 万多顷。可见北宋前期 60 多年间，耕地面积扩大了近一倍。

2. 宋代的丝织业与制瓷业的发展

北宋纺织业主要有丝、麻、毛等种类，其中以丝织业为主。养蚕业遍及江、淮、黄河流域，丝织业产地分布广，产量高，技术精，形成以两浙、四川为中心，包括河北东路、京东东路、淮南东路、江南东路的主要丝织业中心。开封有官办的绫锦院，拥有 400 多张织机。民间出现了独立经营的丝织业作坊，称为机户。仁宗时，梓州（今四川三台）有机户数千家，生产规模很大。丝织品的花色、品种繁多，其中仅蜀锦就有数十种之多。京东单州（今山东单县）所产的薄纱每匹仅重4两，望之如雾。而亳州轻纱，“举之若无，裁以为衣，真若烟雾”（南宋·陆游：《老学庵笔记》）。麻织业主要集中在河东、广西、荆湖、成都府等路及京东地区。毛织业则以西北地区为主，产量都比较高。

制瓷业在北宋发展到一个重要阶段。制瓷窑户几乎遍及全国，在今十几个省、市、自治区的130多个县，都发现过北宋瓷窑遗址。各地的瓷器制作工艺、风格不同，逐渐形成了定窑系、耀州窑系、钧窑系、磁州窑系、龙泉青瓷系、景德镇青白瓷系六大瓷窑体系和定、汝、官、哥、钧五大名窑。北宋制瓷技术已相当进步，

宋代瓷器

发明了用“火照”测定窑温的技术，即将许多三角形胎胚（“火照”）上半部施釉，下半部埋入盛满沙粒的匣钵中，随瓷坯一同入窑，放在炉前的观火孔内。测定窑温时，用铁钩钩出一个火照，打碎后从胎质和釉色的变化中推断温度的高低。直到瓷器烧成，匣钵中的火照也基本被取光。为了利用瓷窑的空间，提高瓷器的产量，人们还发明了叠烧法，即将盛放瓷坯的匣钵入窑后层层叠码，中间衬以垫圈。在瓷器的装饰上，利用刻、划、刺的手法，勾勒出花卉、云龙等造型图案，并且又出现了印花装饰工艺，使瓷器更显绚丽多彩。瓷器不仅成为当时皇宫、官府的器物，百姓的日常生活用品，而且风靡世界，大量远销海外。景德年间在江西昌南镇设官窑烧制进贡瓷器，瓷器底部书“景德年制”4字，从此，“昌南镇”就改为“景德镇”，并一直沿用至今。

3. 宋代商业的发展

农村商品货币关系的发展，手工业行业分工的扩大，密切了城乡之间的交换关系，原有的商品交易市场已不能满足需要，城市周围和乡村交通要道等处不断出现新的交易场所。设于城外的称为“草市”，实际是城中的商业区向城外的扩展。开封城外就有街市，店肆林立。乡村有定期开放的“小市”，北方称“集”，南方称“墟市”或“赶场”。集市贸易主要是为了满足人们的生活和生产的需要，交换的商品有粮食、肉、鱼、鸡、水果、蔬菜等农产品；布帛、竹木器、炭柴等生活用品；牲畜、农具等生产资料以及药材，等等。交易十分频繁，成交额也很大，一些大的市镇年税额都在 1 万贯以上，多的可达 2.6 万贯。草市和小市是长期或定期开放的交易场所，一些手工业者和商人在此定居，生产经营。随着交易规模的扩大，定居人口的增加，这些草市或小市便成为新的市镇。有些市镇继续发展而成为当地政治、经济的中心，形成新的县城。宋初从建隆三年（962）至景德三年（1006）的 45 年间，升为县一级的市镇就达 39 个，以后数量更多。

宋以前的城市商业已有一定规模，但“市”“坊”之间的界限使商业活动受到场所和时间的限制。入宋，逐渐打破了这种界限，“市”延伸入“坊”中，形成“坊”“市”杂处的局面,城市的功能从单一的政治中心，演变为政治和工商业中心。比如北宋都城开封既是政治中心,又是全国的商业贸易中心。城内手工作坊遍布，坊巷街头店铺林立，中等以上工商业 6400 多家，小商小贩则近万家。据孟元老《东京梦华录》记载，城内有多处热闹非凡的商业区。内城州桥以南到朱雀门一段，酒楼、饭店、茶馆、商号、药铺等鳞次栉比；州桥以东是鱼市、肉市、金银器铺；以西有鲜果行、珠玉铺。宫城东面的潘楼街、界身巷等，集中了大量的店铺，少数民族的客商也在这里出售猎鹰及其他特产，界身巷金银彩帛“每一交易，动即千万，骇人闻见”。城中还有迟至三更的夜市，五更点灯开市、天明即散的“鬼市子”（早市）。除固定的商业活动外，还有多处定期开放的大型交易场所。相国寺每月举行五次庙会，庙会时，寺内可达上万人，商品应有尽有，吸引了众多的商旅。众多的人口，频繁的交易，使每天商品的上市量十分惊人，仅猪肉一项，每晚就有万余头生猪被赶入开封城屠宰。北宋时，除却开封，人口在10万以上的城市还有40多个，如杭州、长沙、福州、泉州、洛阳、成都、扬州等，其商业活动与开封大体相同。城市中的商业行会组织更加严密，为保护本行的商人利益，行会对“行户”有很多限制，同一行会的行户用同一种术语（行话），穿统一的服装行服。外行商人，不经“投行”（参加商行），不得贸易。这种组织又受政府的控制，成为向商人征购货物、敲诈勒索的工具。

商业的发展，使货币的需求量迅速增加。宋初，铜钱的铸造量逐年增长，至道年间（995—997），每年铸铜钱80万贯，相当于唐代年铸铜钱的最高额32万贯的两倍多。景德年间(1004—1007),已增加到183万贯。

元丰年间（1078—1085），又达到 506 万贯。由于铜产量有限，因而还铸造铁钱。景德中，年铸铁钱 21 万贯，元丰中，达 88 万多贯，并将全国划分为铜钱、铁钱流通区：成都府路、梓州路、利州路、夔州路全部使用铁钱；陕西路、河东路铜、铁钱兼用；其他地区使用铜钱。

自宋辽“澶渊之盟”以后，随着两国关系的不断改善，双方在边境增设了许多榷场，边境贸易非常活跃。北宋在雄州、霸州等地，辽在涿州、朔州等地，设立了榷场。北宋向辽输出丝织品、麻布、稻米、茶叶等商品，辽向宋输出马、羊、骆驼、皮革、毛织品等商品。辽朝中期以后，境内通用宋朝的铜钱。宋、夏和议后，北宋在保安军和镇戎军建立榷场。北宋用丝织品、瓷器、粮食来换取西夏的骆驼、马、牛、羊、地毯。金在西北边境设有榷场，同邻近的民族进行贸易。宋、金边境也设有多处榷场。榷场贸易由官府经营。民间商人经过政府批准，交纳税款后，也可在此贸易。榷场的设置，促进了边境地区商业的发展，丰富了各民族的经济生活。

4. 宋代丝绸之路的发展

宋朝重视与海外的贸易关系，对中外商人和上交税利多的市舶司官员都予以奖励。两宋 300 多年历史中，中外贸易十分兴隆，北宋通过一系列的商务管理，获取了巨额利润。

宋王朝十分重视海上丝绸之路的建设，先后在广州、临安府（杭州）、庆元府（明州，今宁波）、泉州、密州板桥镇（今胶州营海镇）、嘉兴府（秀州）华亭县（今松江）、镇江府、平江府（苏州）、温州、江阴军（今江阴）、澉浦镇（今海盐）和嘉兴府（秀州）上海镇（今上海市区）等地设立了专门管理海外贸易的市舶司，广州、泉州和明州是其中贸易量最大的。南宋后期，泉州一度成为世界第一大港和海上丝绸之路的起点。

两宋时期，中外贸易相当频繁，形成了以广州、泉州为中心的 20 多个沿海港口，中国与日本、高丽等 60 多个国家进行着频繁的贸易往来，海上丝绸之路盛极一时。这与宋朝大力推行对外开放、推进海外贸易有很大关系。宋代政府特意在沿海港口设立了市舶司和市舶务作为海外贸易的管理机构。不仅如此，宋政府还派遣使者去往海外招商，大量散发空白通商准许证，以鼓励外商来中国贸易。

宋朝的开放程度是我国历代各朝之最，海外贸易的繁盛程度也是任何朝代和当时世界各国无法比拟的。贸易商品品类繁多，进口商品有香料、珍珠、象牙、药材等 300 多种，出口商品主要以纺织品、金属及其制品、陶瓷品、茶叶等为主。其中以纺织品、瓷器、

宋代纺织品

茶叶、香料为大宗产品,因此海上运输航道又被称为“丝绸之路”“陶瓷之路”“香料之路”。

宋朝对人类文明的伟大贡献中,最突出的是火药,宋人在前人基础上发明了火器。此外,还有指南针和活字印刷术的发明。中国古代的四大发明,宋朝占了3项。其中早在北宋时中国就建立了用火药制造武器的兵工厂,是世界上最早制造热兵器的国家。指南针在北宋时就开始装备远洋船舶。正是这3项伟大的发明后来传到欧洲,推动了欧洲的社会变革、地理大发现和知识爆炸,使人类社会迅速迈进了现代文明社会。

综上所述，宋朝海外贸易的民间资本非常雄厚，海外贸易的发展和海上丝绸之路的繁荣，已经达到了一个前所未有的高度。本书重点介绍了宋代的对外交往，以及对丝绸之路相关的人物进行了生动的描写记录。他们之中，有出使辽国的北宋名相富弼；有历史上的“段誉”——大理王段正严；有纾解宋辽关系的科学家沈括；有崇汉的金朝开国皇帝完颜阿骨打；有辽国的开国汉族功臣韩延徽；有北宋著名的爱国重臣洪皓，等等。阅读他们的事迹和故事，能让我们更加深入地了解这一时期丝绸之路的发展和演变，进一步理解丝绸之路对我国宋代经济发展和国家地位提升所具有的伟大意义。

重视海洋科技的开国皇帝——赵匡胤

赵匡胤（927—976），字元朗，小名香孩儿、赵几重。宋王朝的开国皇帝，庙号太祖。原籍河北涿州，生于洛阳夹马营（今洛阳市瀍河区东关）。后周时期（951—960）曾官至殿前都点检。宋太祖建隆元年（960），他发动陈桥兵变，黄袍加身，建立大宋王朝，定都开封，在位 16 年，是中国古代著名的政治家、军事家。宋朝开国后，他致力于消灭地方割据势力，结束了唐代以后五代十国的分裂局面，再次建立统一的华夏政权。在位期间，他加强中央集权，提倡文人政治，开创出中国历史上的文治盛世，被认为是一位“英明仁慈”的皇帝。《宋史·太祖本纪》载："（开宝九年，976）帝崩于万岁殿，年五十。"何因而死，至今是谜。赵匡胤死后葬于郑州巩义宋陵之永昌陵。

1. 开创宋朝新局面

赵匡胤于后唐天成二年（927）出生在洛阳，他头脑聪明，和他一起玩耍的小伙伴常常喜欢推他为头目。赵匡胤自幼便表现出非同一般的恒心和毅力，这其中有个很有趣的故事。有一次，赵匡胤特地找了一匹未经驯服的烈马来骑，刚上马，那马就使起了烈性子，狂奔起来，一个猝不及防，赵匡胤一头摔倒在地。在场的人都为他捏了一把汗，都以为他会受很重的伤。正在大家为他担心之时，他一把从地上坐起，迅速追上烈马，纵身一跃，将烈马驯服，他却一点事没有。

赵匡胤像

赵匡胤的祖辈都做过官，其父赵弘殷是涿郡（今河北涿州市）人，是后唐庄宗李存勖的爱将。由于受战乱的影响，赵匡胤年纪稍长便弃文从武，再加上出身将门，武艺十分了得。

赵匡胤自出生后的十几年，亲眼见证了朝代两度更迭，他的家族也逐渐衰败。到了 21 岁，赵匡胤辞别父母和妻子，北上投奔郭威。

郭威灭后汉建后周，成为后周的开国皇帝。赵匡胤因高平之战的出色表现，成为禁军军官。他率兵南征北战，立下赫赫战功，逐渐在禁军中形成了自己的势力。周世宗柴荣在位时，非常器重赵匡胤，临终前还将儿子托付给赵匡胤，并任命赵匡胤为殿前都点检，掌管“殿前诸班”，这相当于掌控了最高军权，为他当上皇帝打下了坚实的基础。

柴荣病死，柴宗训成为新一代皇帝，由于年幼，由宰相范质辅佐他。不久，国家受到契丹、北汉的联合侵犯的消息传到朝廷。范质一干人等不知道这个消息是真是假，建隆元年（960）的年初一，便派赵匡胤领兵去反击，初二这天的黄昏时分，赵匡胤率领部队驻扎在陈桥驿。

在当时的京都汴梁城（今开封）已经纷纷传言赵匡胤要当皇帝。其实，这场传言的幕后策划者就是赵匡胤和他的团队，因为新继位的周恭帝柴宗训刚 7 岁，毕竟还是一个什么都不懂的孩子，将士们在外拼死杀敌，皇帝也不知道，还不如拥立赵匡胤登上皇位，至少自己没有白白卖命，还能受到封赏。这样一煽动，众将士就动摇了对幼主的忠心，有人已经开始转而支持赵匡胤了。

在众将士的拥立下，赵匡胤还没来得及开口答应，诸将士早已将登基所用的黄袍披在赵匡胤的身上，就这样赵匡胤黄袍加身成了皇帝。历史上称这件事为“黄袍加身”，又叫“陈桥兵变”。

按理来说，兵变后为了稳固自己的势力，首要之事就是彻底铲除掉后周势力，但是赵匡胤对曾经重用、信任自己的周世宗心怀感恩，并没有赶尽杀绝。赵匡胤严令要求部下，回城后，不准烧杀抢掠，不许对以前的皇帝、皇后和朝廷大臣侵辱，违令者，严惩不贷。

就这样，赵匡胤又率领部队回到了汴梁城，宰相范质和大臣王溥也只得无奈地拥护赵匡胤。这样，赵匡胤就真正成为了皇帝，建国号“宋”，定都汴梁，初年建隆，为宋朝开国皇帝，史称“宋太祖”。

2. 稳定国内政治局势

大宋刚刚建立，赵匡胤就面临与汉高祖刘邦同样的问题：如何巩固自己的帝位和最高统治权？如何管束那些功高威重的将军？怎样才能避免后周小皇帝的命运，不被下面的将士背叛呢？他心中显然已有了答案：兵权。他深知兵权对一个国家的重要性。

建隆元年（960），宋太祖大加封赏那些拥立他为皇帝的将士，尤其是在“陈桥兵变”事件中有突出贡献的将领们，给他们加官晋爵，众将士对宋太祖的封赏也很满意。

到了建隆二年（961），某天宋太祖将一些身居要职的禁军将领留下来喝酒。当将领们酒兴正浓的时候，宋太祖突然长叹一声，讲了一番自己的苦恼。宋太祖说：“朕现在虽然是皇帝了，但是没有像以前那么开心了，朕能当上皇帝，都是靠着各位的拥立和帮助，但是现在整个夜晚都不敢安枕而卧啊！”众将领心中十分疑惑，不知道皇帝的葫芦里卖的什么药，石守信等众臣于是惶恐地问皇帝夜难安寝的原因。宋太祖继续说：“原因很简单啊，皇位，是大家都虎视眈眈的东西，朕能安心吗？”

石守信像

此话一出，大家立刻明白了其中的意思，原来是怕他们这些拥立过他的人转而背叛他。众将士连忙向皇上表态：“我们愿意衷心拥护您，绝无二心，请您放心！”赵匡胤眉头一舒，稍微露出笑容，说：“朕当然相信各位。”话锋一转说：“但是如果你们的手下也将黄袍披在你们身上，你们能拒绝得了吗？”此话一出，吓得众将士连忙跪地磕头，大哭着向皇上求情放过自己。赵匡胤稍微停顿了一下，说：“人生太短暂了，对于想要大富大贵的人来说，家眷和田地才是最重要的，每天看歌舞享天伦，岂不是很好？你们不如就放下兵权，多置办些田产，享受富贵，朕还可以和你们联姻，让子辈们都富贵下去，不是很好吗？”大家都接受了宋太祖的建议，叩谢皇恩。第二天上朝，这些将领都称病告老还乡，纷纷要求解去身上的兵权。内心欢喜的宋太祖一一解了他们的兵权，放他们回乡，并把兵权交给了自己更信任的人，又废除了几个掌管重兵权的职位，让几个部门分管禁军，相互牵制。

至此，宋太祖心里的一块石头终于落地了。这件事史称“杯酒释兵权”。

开宝二年（969），太祖再度上演“杯酒释兵权”的故事，以消除藩镇割据的隐患。太祖又宴请节度使王彦超、武行德、郭从义、白重赞、杨廷璋，劝使罢镇改官，解除他们的藩镇兵权，派没有兵权的文官去当地方长官。自此以后，节度使之职已成虚衔，地方长官多为文臣担任，宋太祖再次借饮酒之名劝说武将放弃兵权，从而稳定了江山。

解决了内部问题，赵匡胤准备出兵统一全国。建国不久的大宋面临一个四分五裂的混乱局面：北方有辽及其羽翼下的北汉，南方有吴越、南唐、后蜀、南汉、荆南、湖南、泉漳等封建割据政权，这些都是赵匡胤统一大宋必须去解决的问题。

思来想去，宋太祖赵匡胤打算先从北汉入手。这天，宋太祖向谋士张永德询问有无什么攻打北汉的高招。张永德先向太祖对北汉的形势做了一番介绍，北汉虽然兵力不多，但是十分强盛，而且又与契丹交好，强攻不是最佳方案，他建议先做离间工作，使北汉得不到契丹的帮助，阻碍其农业的正常生产，等到北汉陷入困境后，方是攻打的最佳时机。赵匡胤觉得有道理，但还是有些不放心，于是亲自又去向赵普询问攻打策略。

赵普的思路和张永德如出一辙，宋太祖这才放弃先攻打北汉的打算，决定采取“先南后北”的方略，即先消灭西、南方各个割据势力，然后寻得最佳攻打时机再一举消灭北汉，最后实现统一。

建隆三年（962年）九月，占据湖南的武平节度使周行逢病死，其儿子继承其位，由于无力抵抗张文表的进攻，向北宋求助，这正好给北宋出兵提供了一个借口。次年，北宋以伐张名义大举南下，一举收回了湖南、荆南两地。乾德二年（964），宋太祖听到后

南唐后主李煜像

蜀要与北汉相互勾结准备攻打北宋的秘密消息，立即向西讨伐后蜀，只用了差不多两个月的时间就将后蜀灭掉了。

宋太祖乘胜追击，继续着统一全国的步伐，准备攻打南汉和南唐。当时南汉的经济落后，政治腐败，朝廷不管百姓死活，于是北宋就借着南汉百姓的名义挥兵南汉，很快就把南汉灭了。对于南唐，北宋先借用离间计除去南唐大将林仁肇，扫除障碍后，便很快灭了南唐。

开宝九年（976）十月二十日，宋太祖在夜间突然去世，终年 49 岁。在位 16 年，谥号英武圣文神德皇帝，庙号太祖，葬于永昌陵。

没能看见大宋统一，宋太祖虽然带着遗憾去世了，但是他制定的“先南后北”的战略方针以及在南方各地取得的巨大成果为大宋一统天下奠定了坚实的基础。

3. 发展海外贸易

除了在统一北宋上做出了巨大功绩，宋太祖的才能还体现在发展封建国家经济上，而且他的一系列政策和措施也确实推动了经济发展和海外贸易的繁荣。据说东南亚的岛国三佛齐国在宋太祖刚建立宋朝时，就向他朝贡。三佛齐国位于现在苏门答腊岛一带，向宋朝贡献的宝物里有一种叫通天犀的犀牛角，十分精美和珍贵，上面的龙纹图案和隐约可见的天然“宋”字形图案，让宋太祖大悦，因为东南亚的小国当时还不知道新建的王朝国号“宋”，因此他认为自己担当大统乃是天意，自己就是天子。他让工匠把通天犀做成精美的玉带，一有郊游或者重大祭祀活动，一定佩戴。这之后，北宋和不少海外国家的交流日益密切，大宋的影响也越来越大。

赵匡胤注重国内经济的发展和管理，公元971年，灭南汉后，朝廷就在广州设立了具有海关作用的市舶司。这个市舶司的设立对北宋意义重大，因为它开了宋朝设立市舶司的先例，对国家的海外贸易有极大帮助。市舶司的主要职能是管理税收、船舶往来、贸易交流等事，它从设立之初起，就成为北宋对外贸易和交流的重要窗口。

丝绸和瓷器在宋朝对外贸易的份额中占了大部分，而宋朝从外国进口的象牙、犀牛角、香料等天然物品最多，其中香料又以乳香为多。乳香是当时一种珍贵的香料，来自于乳香树分泌的树脂，主要产于大食（现中东一带）、印度、波斯等地。乳香既可以用于制造香料，也能作为药材使用，在古代，中国人就用它来治疗耳聋、中风以及“妇人血气”等病。乳香的采集一般由当地土人来做，要获得乳香，只需砍伤树皮，流出来的树脂凝结成块，就是乳香了。这些乳香原料先通过大象运送到海边，之后通过商船到三佛齐国进行贸易，最后又被运到宋朝交易。这条乳香贸易的线路，是当时重要的海上丝绸之路支线，从这条线的繁荣，可以窥见宋朝海外贸易的繁荣。

海上丝绸之路对宋代经济的发展、国力的增长、海外影响力的延伸有重大意义。宋代的统治者也一直注重海上丝绸之路的开发、拓宽。据统计，超过50个国家和地区在宋朝时就和中国有贸易联系。中国的商品也遍布世界各地，宋代瓷器在东南亚、南亚，乃至欧洲和非洲都有被发现，实证了当时宋朝发达的贸易水平。也因为瓷器在宋朝出口商品中占有重大分量，海上贸易线路又称为“海上陶瓷之路”。

4. 振兴海洋科技

当然，要发展海外贸易，成为海上强国，光开设海关——市舶司还不够，科技也是推进发展极为重要的因素。偃武修文的政策就成为赵匡胤推动科技发展的重要手段，他重用文人，削减武官的权力，这样，文人的地位迅速提高。同时，他鼓励和嘉奖科技发明创造，有科技发明者，都能受到重赏，这大大激发了知识分子参与科技发明创造的积极性，推动了当时科技的大步迈进。赵匡胤亲力亲为，对科技极为上心，尤其关心造船事务，曾亲自到造船厂考察造船事宜。

最高统治者对科技的极为重视，使宋朝取得了许多在当时世界上最为先进的科技成果。比如指南针的运用，就是世界航海史上了不起的突破。指南针的运用不但提高了确定方向的准确性，提高了航海效率，更重要的是，它可以不受天气和时间限制，随时为航船指导航向。在此之前，人们航海主要依靠北极星来进行导航，但一遇到阴雨天，这种方法就行不通，而且靠观察北极星来确定方向，测量方向的误差也很大。北宋指南针的发明，是借鉴了唐代的科技成果，唐朝的司南就已经应用于航海了。到了宋代，司南就被改造为更为简便的指南

宋代指南针

针，测向准确性提高了，使用也更加方便。

宋代指南针应用于航海的技术发明，对海上丝绸之路的开拓意义重大，它给航海带来极大的便利，不但提高了航海效率，也降低了航海事故率，造福于水手和往来商旅。西方新航路的开辟，也得益于指南针运用于航海的技术发明。英国学者李约瑟曾高度评价指南针等四大发明：“如果没有火药、纸、印刷术和磁针，欧洲封建主义的消失就是一件难以想象的事。”

自宋朝建立以来，就四面环敌。因为其陆上丝绸之路被阻隔，朝廷就注重海上丝绸之路的开拓，注重科技发展，这既推动了经济的发展，又增强了宋朝的国力以及海外影响力，为中国创造了一个经济、政治、文化全面发展的灿烂的古代文明。

延伸阅读

宋代的对外交往和贸易

宋朝时期，我国与诸多国家建立了外交关系，如日本、高丽、天竺、大食等国，尤其是高丽（两宋时期，统治朝鲜半岛的是王氏高丽），外交关系尤为密切。

宋朝一直试图延续汉唐“天朝礼治外交体系”，这也使得宋朝外交陷入了尴尬、混乱甚至非理性的局面。宋朝的外交政策和外交行为，既有汉唐大国礼治外交的余脉延续，又有对传统礼治外交的批判和瓦解甚至颠覆。宋朝统治者自始至终都执著追求的是中央之国的泱泱之范，这一点从宋太宗赵光义两次给高丽国的《册封诏书》上可以得到验证。在外交上，宋朝统治者既希望能“信义着于睦邻，忠孝彰于事大”，还希望自己“居域中之大，以天下为家，万国来庭”。但是，想要延续汉唐“天朝礼治对外交往体系”，只是下个诏书并没有任何作用，苍白无力的说教并不能在对外交往上有任何效力。要想建立自己所追求的对外交往模式，完成自己设计的外交格局，首先要有独特而完备的外交思想、外交理念、外交思维，其次关键要靠国家所具备的强大的军事和经济实力，开放的政治环境，繁荣的文化和超凡的大国魅力。

虽然宋王朝一直都在为此作着不懈努力，实际上在这几个方面并没有做好，原因有二。

第一，宋朝没有一个统治者能使得北方农业地区所受到的威胁都得以解除。宋太宗对契丹的三次亲征北伐，最终都以失利告终；而对金人的挥鞭南下，宋徽宗、宋钦宗也只有不断“求再造”“求哀”“求降”；对西夏多次蓄意挑衅，宋王朝依旧心有余而力不足；

面对辽、金、西夏甚至是后来居上的蒙古，宋朝统治者首先想到的是谋求自家内部的太平，已经无暇顾及“天朝礼治外交体系”了。军事不强再加上经济薄弱，宋王朝已经没有什么力量支撑“天朝礼治外交体系”。宋王朝一心想恢复汉唐时期“万邦来朝”的场景，但因为自己的各方实力不强，不得不放下架子，用更多的精力去处理外交纷争，甚至于到了用捐钱纳币来获得相对和平的地步。

第二，宋朝与周边国家和地区的友好交往，自身也没有做好表率。雍熙三年（986），宋太宗下发诏谕给高丽国，要求高丽国带兵与宋朝共同讨伐契丹，其理由是：国家照临所及，（高丽人）“久慕华风，素怀明略，效忠纯之节，抚礼仪之邦”（《宋史·高丽列传》），高丽人当然也出了兵。可是，1015 年，契丹进犯高丽，当高丽国向宋朝求救时，宋朝却置之不顾。显然，宋王朝这种只要求别国帮助遇难的自己，而对处在危难中的高丽坐视不管的行为，显然与大国所应有的负责任的态度是矛盾的，结果只有将高丽“推向”契丹。于是，高丽国既向宋朝也向契丹朝贡，后来其他弱小国家也纷纷效仿高丽的这种“双轨外交”。最典型的要数西夏国了。太平时期，西夏就时不时向大宋边境骚扰一下，而一旦宋朝出兵剿灭，西夏便立马俯首称臣，割地、纳贡，当然西夏也会从宋朝那获得更多绢币和货物等形式的补偿。宋朝的这种做法，彻底改变了长期以来形成的恩威并施的外交模式。

宋朝一直渴求的“天朝礼治外交体系”始终没有实现，当然这与宋王朝的国策、政治制度、人事制度、外交理念是存在很大关系的。

对位于北宋西方的各国来说，其与北宋之间的陆路贸易的形式之一是以“朝贡”换取“回赐”。从大食和拂菻的使臣都曾取道陆路通宋的记载来看，波斯、阿拉伯及其以西地区的民间商团，或许也有从陆路到达北宋进行贸易活动的，在11世纪前叶以前尤其如此。不过当时东西方之间在这条线上的商业交往，主要仍通过喀喇汗王朝商队的中介而得以实现。自11世纪后半叶起，喀喇汗朝统治下于阗地区的商队“远不逾一二岁，近则岁再至”（马端临：《文献通考》卷三三七）。其中一些商人冒充“入贡”使臣，但“有所持，无表章”“来辄群负，私与宋朝商贾牟利，不售则归诸外府，待善价”（《宋史·外国》六）。

从西方输入宋朝的商品大致3类：织造品，如五色杂花番锦、西锦、胡锦、花蕊布等；香药，如乳香、白龙脑、腽肭脐、牛香、眼药；珠宝玩好，如珊瑚、翡翠、象牙、琥珀、犀角、珍禽异兽。从宋朝输出的商品包括金银器物、茶、丝绸、铜钱等。由于铜钱大量外流，宋廷在1088年“诏河、岷、兰州沿边，今后蕃客入汉贩卖回日，许所经城寨搜检，不得带钱入蕃。若在汉界，从其便”（李焘：《续资治通鉴长编》卷四二〇）。不过此种禁令仍无法阻止巨额帛币的不断外流。

关于喀喇汗王朝同周边诸国的贸易往来，史籍记载甚少。《治国策》提到哥疾宁王朝的一个女间谍，为了打入喀喇汗王朝的宫廷，扮成一个富商的遗孀，先到喀什噶尔购买了一批“契丹”和“秦”（辽朝和宋朝）出产的商品，“如精雅的器物、丝绸、年轻的女奴、贵重衣料等，同商人们一起前往撒马尔罕”。喀喇汗王朝时代写成的长诗《福乐智慧》中说道，有一些从事国际贸易的大商人，“为谋生，他们周游世界。……他们从东到西经商，给你运来你需要的物品。世界上无数珠宝和珍品，都可以在他们那里找到”。诗歌的作者劝国王“好好款待他们，你的名声也会传四方”。从考古资料特别是古钱资料来看，当时国际贸易相当发达。在喀喇汗王朝境内，不仅发现了大量宋朝的钱币，而且发现了大量的哥疾宁王朝、塞尔柱王朝和花剌子模的钱币。黄金作为交换手段大量投入市场，也反映了国际市场上大宗商品交易的出现。

河中以及西域其他地区的伊斯兰商人，很早就同蒙古统治者保持着接触。蒙元时期，他们在大汗庇护下从事国际贸易；有些还从宗王贵戚那儿领取本钱，进行长途贩运，为蒙古贵族经营生息。同钦察汗国、伊利汗国之间的陆路贸易，当然也是他们贸易活动的主要内容之一。同时，也有不少钦察汗国、伊利汗国商人乃至欧洲商人经由传统的陆上商道来中国贸易。

宋代铜钱

1340年左右，佛罗伦萨一家公司的代理商帕戈洛蒂写了一本《通商指南》。书中记载了从境内（在亚速海最东端）穿越钦察汗国、察合台后王封地，经过“河西走廊”进入中国内地的行程。帕戈洛蒂说，在行经草原地区时，须及时置备充分的面粉和咸鱼，以便能走完标志着从一个地区进入另一个地区的两个“首要城站”之间的路程。至于其他的东西，尤其是肉，在途中各处都可以买到。他还写道：“根据走过这条商道的商人们说，从塔纳到中国的道路，无论白天还是夜间，都极为安全。”在钦察汗国首都，有不少中国商品出售。匈牙利、意大利商人在这里就能买到中国的丝绸。

西北陆路在宋时期虽然一直在使用，但由于宋代地方割据政权的出现，陆路交通已远不如昔日之盛，海上贸易的重要性就显得越来越突出。中国的桑蚕丝绸技术经历了几个世纪的不断西传，中亚、西亚及西欧都已种桑养蚕，丝织技术也发展起来，胡锦还作为贡品向中国输出。因此，在中国丝绸继续作为大宗出口商品的同时，瓷器的外销量也急剧增长。瓷器体重质脆，靠驮畜长途贩运，不仅载量有限，而且易于损碎，远不及海船载运方便和安全。这一点也促进了海路贸易的发达。

对进行海路贸易的商舶征收的赋税，在唐代后期和五代十国时的东南沿海国家，已经成为一宗很可观的财源。宋朝政府对于外贸收入更为重视。宋初曾采取“榷货”政策（政府专买专卖政策），以期垄断对外贸易（后来禁榷货物的范围逐渐缩小）。北宋太宗雍熙四年（987），宋廷遣内侍8人，携带金帛敕书，分四路到南海各地“博买”香药异物，招徕各国。以政府名义到外国购买货物，在这之前尚属少见，它必然对吸引蕃舶来华经商起到了促进的作用。宋政府还对长住东南沿海城市的蕃商示以“宠绥”，通过他们“招谕”更多的外商前来贸易。元代至元十四年（1277），即在东南沿海建立海外贸易的管理机构市舶司，翌年又命令专任官员通过蕃舶招谕南海各国，并且宣布“其往来互市，各从所欲”（《元史·世祖纪》）。政府还组织“官本船”出海谋利。海路贸易在元代，即是追求“国家声教绥怀，无远不及”（明·唐顺之：《武编》卷六）的政治目标的一种手段，同时由于“市舶司的勾当，很是国家大得济的勾当”，对这项大宗经济效益也十分重视。

宋代管理市舶事务即海外贸易的机构是提举市舶司或市舶提举司，简称市舶司。宋代中叶以前，市舶使多由地方官或转运使兼任，自北宋后期起始置专官。市舶司的主要职责，是办理中国舶商的出海许可书，检查中外商船的进出口货物，防止违禁商品的出入，征收关税，购买政府需要的部分商品，称为官市或博买（这主要是在宋代），负责外国船舶和商人的管理。关税形式主要是按定额抽成的实物税，称为抽分或抽解。抽分比率按“粗色”货物（一般货物）和“细

宋泉州市舶司遗址

色”货物（贵重商品）两类而高低不同。细色货物的抽分率较高。元代除抽分之外，又另征舶税，以船货的 1/30 为率。

北宋先在广州、杭州、明州置市舶司，称为“三司”，后来又增设泉州、密州市舶司和秀州华亭（今上海松江）市舶务，镇江、平江（今苏州）税务监也受命兼理市舶事。南宋时，始终置司于广州、泉州，两浙地区市舶司下有 6 个市舶务，包括临安、明州、温州、江阴和秀州的华亭与青龙镇（今上海青浦东北），元代始终置司的城市有泉州、庆元（今浙江宁波）和广州三地。

宋代海外贸易最为发达的城市为广州。清《粤海关志》引北宋毕仲衍《中书备对》关于 1077 年对外贸易的统计数，三司所收乳香共 354449 斤，其中由明州收进者 4739 斤，杭州所收 637 斤，其余全部由广州所收。《粤海关志》说“是虽三处置司，实只广州最盛也”。南宋时，泉州的海外贸易很快发展起来，到宋元之际，遂超过广州，由此迄于元末，它始终是中国对外贸易的第一大商埠。

两宋时期先后与中国发生海上贸易的南部及西南部国家，包括南海、印度洋的孟加拉湾和阿拉伯湾，非洲东岸的沿海及海岛诸国。

宋赵汝适记南海“蕃国”及其物产，范围远及东非。他记载的有些国家和地区，未见与中国有通使关系，但是却通过商人往来其间，发生直接的民间贸易关系，如印度半岛西南端的马拉八儿之地和麻逸国都属于这种情况。也有一些被赵汝适载录的地区或国家，可能在宋代没有与中国发生直接贸易关系，其商品和有关消息通过中介贸易商人而抵达中国。当时南海中的三佛齐，是一个著名的国际商品中转地。“其国据诸番来往之要津，遂截断诸国之物，聚于其国，以俟蕃舶贸易耳”。“大食边海等处”则经常垄断与东非沿岸的贸易，转贩东运。交趾商人也时常经营“贩卖外国物”的中介贸易。所以，赵汝适所载录的那些国家，不一定都在宋代与中国发展了直接贸易关系。尤其是关于宋代中国与非洲的直接经济交往，目前尚无史料可加以确认。

从中国出口的商品，主要有丝绸纺织品、瓷器、陶器、金属及金属制品、日用杂品和茶、酒、粮食、盐等农副产品;从各国输入的，主要是珍宝异物、布匹、香料、药物等。

与陆上贸易的情况一样，海道“朝贡”对“入贡”一方来说，实际上也是一种贸易形式。包括伊利汗国的“朝贡”也带有贸易性质，有时一年中它遣朝贡使臣来华竟多达5次。对宋朝政府来说，为维持“上朝”的体面，往往要向入贡国家颁赐超过贡品价值的“回赐”，这成为一种沉重的经济负担。所以，南宋初期曾以“敦尚俭约,例罢诸方贡献”为辞,诏令边城对“入贡”使臣“宛转谕还”,其所携贡品就近发市舶司依条例抽买。对于民营的蕃舶来中国经商,情况当然就不一样了,这是宋元政府都竭力予以招徕的。

盛况空前的两宋漕运

在中国古代内河航运史上,漕运是规模最大的官办水上运输。北宋时期,每年运输漕粮 600 多万石,多时达 800 多万石,远超唐代,南宋时期年漕运量也相当可观。

北宋建国后实行中央集权制,行政权、军权悉归朝廷。国都开封人多事繁,驻军和官吏十倍于汉、唐。宫廷、百官、士卒、百姓的供应全仰于一漕,所需粮食数量巨大。

北宋全国的漕运布局大体上分为东南六路(淮南路、两浙路、江南东路、江南西路、荆湖南路、荆湖北路)和京东、京西两路,均以漕运粮、帛为主。川蜀地区主要上供锦帛、布匹,广南地区则主要提供金银珠宝及香药等。漕运主要水道为长江和大运河,中央政府的财政收入和粮、帛等物资,主要靠南方供应。东南的漕粮占漕粮总数的比例极高,一般年份已达“上供六百万石”,多则“八百万石”,故宋人认为“国家根本,仰给东南”。

宋代漕粮的运输路线大致是：除寿州（今安徽省凤台县）租米由惠民河漕运至京外，其他如江南路、淮南路、两浙路、荆湖南路、荆湖北路、江南西路、江南东路等长江中下游地区的漕粮，均由长江、邗沟与汴河运至开封。每年长江流域漕粮达600万石，其余地区漕粮仅为150万石。

北宋初年，“漕事尚简”，太祖时每年仅10万石，以后漕运量逐年增加。长江流域漕运量在太祖、太宗时期年约379万石，真宗时年约505万石。真宗景德四年（1007）朝廷定运量为600万石，且“永为定制”，但难设上限，至天禧五年（1021）运量已升至678万石。仁宗至哲宗时期，运量稍有下降，年均约运640万石。据宋人沈括记录，神宗熙宁年间（1068—1077）将漕粮运量再次定为600万石，但各路实际承运量达610万石，超出定额10万石（《宋史》卷三三七）。

宋室南迁后，着力经营江南，苏、湖、常、秀等州成了朝廷财富之源。丰饶的粮食产量、便捷的水运条件、就近的漕运优势，使南宋在半壁江山上征集的漕粮量与北宋基本相同。建炎元年（1127），“东南六路岁运粮斛六百万石”（《吴郡志》卷十九）。高宗时，南宋漕粮量一直为600万石，这些粮食约一半要运往前线。是年，朝廷诏令将600万石漕粮的三分之一运往行在（指

宋神宗像

商丘），其余送开封。此后，运往各地的漕粮数量和送达目的地有所变化。漕粮和军粮的主要汇集与中转地为鄂州（今湖北省武汉市）和渝州（今重庆市）。建炎初年，朝廷在鄂州设立湖广总领所，为天下“四总”之一，建“大军仓”100间，以总汇军粮，其中大米多来自湖南，谷多来自江西，并不断向襄阳、荆南各地拨发纲船运送军粮。四川军粮大部分征自嘉、眉、泸、叙各州，由水路运往渝州，然后溯嘉陵江集中于合州再向北转运。

除漕粮、军粮外，国家每年还要拿出数百万贯征购农民的余粮，称其为“籴作”，实际上是一种强制性的征购。北宋时籴粮最高达300万石，南宋籴粮也在100万石以上。朝廷为此专门设立籴场，置籴买官专门从事征购，如绍兴三十二年（1162）在江浙、荆湖、江东、江西各地共征购粮食100多万石。

北宋的漕运方法有转般、直运两种，转般即分段运输。朝廷规定，江湖各路漕粮分至真、扬等州转般仓内储纳，再由汴河船只接运至开封。真州受纳江南、荆湖之粮而转般，扬州则受两浙之粮而转般。

北宋初年至神宗熙宁之前，漕运采用转般法。“凡水运自江淮、南剑、两浙、荆湖南北路运，每岁租籴至真、扬、楚、泗州，置转般仓受纳，分调舟船，计纲溯流入汴至京师”（清·徐松：《宋会要辑稿·食货四六》）。至熙宁元年（1068），“其法始变”，部分汴河漕纲开始出江运粮，亦有部分漕船直航京师，同时雇用民船运米。从此江船、汴纲、民船混杂，转般与直运两法并行。徽宗崇宁元年（1102），转般法被完全放弃。两年后，漕运江湖粮食以直运为主。大观三年（1109），转般法又重新被采用。3 年后，转般法又被废止，直运法又重新实行。虽遭大臣反对，朝廷仍坚持直达运输。直到宣和五年（1123），在朝中大臣的力谏下，徽宗才下诏以转般运输代替直达运输，直至北宋灭亡。

朝中之所以对转般、直运两法争论不休，同漕粮数量、运距长短以及主管官员的个人利益均有密切关系（罗传栋：《长江航运史》（古代部分），人民交通出版社 1991 年版）。

漕运是一项庞大的工程，漕运船舶数量巨大。北宋开国后的 30 余年间，朝廷建造专用漕船 3237 艘，此后有所减少，到治平二年（1065）诸路建造漕船 2540 艘，其后漕船常量约 2500 艘。

对于这样一批数量庞大的漕运船舶和官吏纲卒组

织，朝廷实行较为严密的管理。

一是实行漕纲制度。绍圣二年（1095），汴河有船200纲，江湖六路有漕运船约100纲，共计300纲。依唐制每纲300人计，北宋时期纲吏卒梢共约9万人，由发运司统管。神宗元丰（1078）以后，押纲官采用招募制，一般从家产殷实者中挑选任用。漕运船只配备大量护纲官军。江南、荆湖诸州设有拨发和监督装卸斛官等职。此外，针对内河漕运点长、线长的特点，北宋政府还在鄂州设立了湖北漕司，以统管两湖漕粮的汇集和中转事务。

二是严惩贪腐吏卒。发运使执掌六路漕运大政，权势日重。推行直运法时，江汴漕舟混杂，许多舟卒终生无法还乡，直至老死河路。平日里，他们食不果腹，于是偷盗粮物、米中掺土、拆舟鬻板、沉溺舟船、折欠漕粮，种种弊病竞生。尽管官方参与监督催纲，弊情仍有增无减。两宋王朝被漕事弄得焦头烂额，每诏必言漕政。两宋期间，历代臣僚上呈有关漕务的奏议共约100份，朝廷下达漕务诏谕亦近100道。由此可见，漕运弊政已到相当严重的程度。

为加强漕运管理，两宋制定了“捕亡令”“职制令”“考课令”“赏令”等项漕运条令。其中“捕亡令”中有“赏格”“盗贼勒”“杂勒”等条款，是惩治纲吏兵梢和纲外人员沉舟盗粮等犯罪行动的专项条规。“盗贼勒”规定对侵盗、受赃等行为的惩治，治罪从杖笞六十至处死。“杂勒”规定对盗卖本船官物犯的处治，治罪从杖笞至流配两千里以外等。“职制令”则规定，对于擅离职守者计日处罚，轻者判处两年徒刑。“诈伪勒”规定有处治押纲人员欺诈行为的条款。

三是管理宽严有度。宋廷按运距规定漕船运漕艘次。泗州每年六运，淮南五运，两浙及江东两千里以内四运，两千里以外及江西三运，荆湖南北两运。北宋初年，江湖各路用本路纲船运送租粮至真、扬、楚、泗诸州转般卸纳，然后载盐返回，“卒还其家”。汴河冬涸，舟卒“放冻”还营，可有一定的休息时间。宋太宗时惩治了一批剥夺运卒口粮的纲吏，然对运卒私自贩运行为则未予认真追究，并同意吕蒙正“水至清则无鱼”(《汉书·东方朔传》)的意见，主张让运卒们有小利可图，后索性允许各纲漕船留出两成舱位装载运卒们的私货，漕卒皆大欢喜，对漕运更加尽心。

宋廷颁布的“捕亡令”中规定，官吏、捕盗官、检察官和一般民众对捕缉、觉察、检举漕务罪行有功者，按“赏格”规定予以赏赐。“职制令”则是关于巡捕官考绩评定的条令，规定每年年终由监司主持各路评出捕缉成绩最好和最差者各两人。“考课令”规定，有关官员要对各押纲人员的功过做详细记录。“赏令”是对押纲官吏中的有功者给予奖赏的规定，特别是规定对押两纲以上的有功者予以重赏。奖励内容包括赐绢匹、升“名次”（减少升官考核时间）及减“磨勘”（对官员晋升前的考核）1—3 年。不过在执行中，这些规定有失公允，惩罚多针对纲卒兵梢，奖赏则多针对漕运官吏。

出使辽国的北宋名相——富弼

富弼（1004—1083），字彦国，河南洛阳人，北宋名相。天圣八年(1030)，富弼历授将作监丞、直集贤院、知谏院等职。富弼于庆历二年（1042）出使辽国，以增加岁币为条件，据理力争，拒绝割地要求。第二年任枢密副使，与范仲淹等共同推行庆历新政。新政失败后，出知郓州、青州。任内救助灾民数十万人。至和二年(1055)拜相。宋英宗即位，召为枢密使，因足疾解职，进封郑国公。

富弼多次出使辽国，对西夏情形也十分关注。他利用自己对宋、辽、西夏3国关系的透彻了解，助宋朝开启辽夏同盟，使宋、辽、西夏三足鼎立的格局逐渐稳定下来。熙宁二年(1069)，再度为相，因反对王安石变法，贬往亳州。富弼拒不执行青苗法，后以司空、韩国公致仕，退居洛阳。元丰六年(1083)，富弼去世，享年80岁。追赠太尉，谥号“文忠”。

富弼像

1. 不利局面

在宋代，他是一位执著的和平使者，因为他的出使，一场迫在眉睫的战争被消弭于无形，“能使南北之民，数十年不见兵革”（《宋史・列传》卷七十二）；他是一位勇敢的斗士，他的滔滔雄辩、机敏智慧征服了辽国，维护了国家的尊严，保全了国家的领土。他就是富弼，宋朝杰出的外交家。

北宋建隆元年（960），赵匡胤陈桥兵变，黄袍加身，建立起宋朝。

然而，10世纪初期，契丹民族已先于宋在北方建立起辽国。辽国兵强马壮，极其强大，其势力当时已经扩展到东至松花江、西抵天山脚下的地域。趁着中原大乱，辽国还轻而易举地得到了长城以南的“燕云十六州”，势力进一步扩大，与宋朝形成对峙。宋真宗景德元年（1004），辽国结集10万大军，挥师南下，直指汴京，索取南关之地。宋朝展开反击，双方激战正酣时，朝廷主和派却唆使真宗求和。最后在澶渊，宋朝与辽国缔结了停战协定，宋朝以每年向辽国献银10万两、绢20万匹的代价，保住了关南十州，换来了有争议的和平。这就是历史上著名的“澶渊之盟”。

宋仁宗明道元年（1032），宋朝西北边陲的西夏李元昊宣布脱离宋朝，成立西夏帝国，对宋朝边境形成威胁。宋出兵讨伐李元昊，结果实力不济，兵败城下。正当宋朝西北告急之时，辽国看到宋朝对李元昊无能为力，趁机落井下石，兴风作浪。宋仁宗庆历二年（1042），辽军聚集大部军队，屯兵燕蓟一带，放言欲南下攻取关南之地（今河北雄县以南，包括任丘、河间一带）。在强大的武力后盾保护下，为摸清宋军真实的军事实力，辽国又派出了使臣萧英、刘六符到宋京探听究竟。

大军压境，辽使入京，宋朝野震恐，束手无策。刚刚在西夏吃了败仗的宋朝，正庆幸与辽国订有“澶渊之盟”、年年纳贡得以和平时，却不料辽国突然翻脸，撕毁停战协定，在边界囤积重兵，再次声言要攻取关南之地，威胁宋朝疆土。设若宋朝与辽国兵戎相见，宋必然陷入两线作战的艰难境地。就宋朝当时的国力、军力而言，想要取胜，把握几乎为零。如此一来，与辽国讲和就是唯一的出路了。

2. 维护国家尊严

辽使即将到达宋朝边境，按照礼仪，宋朝需派出外交使节到边境迎接。满朝文武官员虽然都认识到辽国此番遣使入京居心叵测，但却苦无良策。官员谁也不愿背上卖国求和的骂名，去迎接来使，于是互相推诿。仁宗忧心忡忡，满心焦虑。正在万难之际，宰相吕夷简突然想到了昔年曾出使辽邦的富弼，于是向仁宗力荐由富弼出面接待。

堂堂礼仪之邦，居然连迎接来使的勇气都没有，事关一个国家的尊严和荣誉。当时身为翰林院知制诰（代皇帝撰写文书的官员）的富弼一听，毫不犹豫地决定置个人荣辱于度外，慨然允命，挺身而出。于是，富弼被任命为“接伴使”，相当于现在的礼宾官，与宋使一行赶赴边境，迎接辽方来使。

辽使萧英一行骑着马，趾高气扬地来到辽宋边境。下得马来，宋朝使者宣读皇帝口敕，对辽使一行表示慰问。按当时交往的礼仪，来使见到宋朝皇帝的代表，应当行大礼参拜。不料萧英仗着辽国强大，硬是不拜。

富弼挺身而出，提出抗议："宋辽两国君主，兄弟相称，如今宋朝皇帝特使传旨慰劳，为什么不行礼参拜？"萧英不以为然，借口有病在身，难以行大礼。富弼一听，义正词严地指责说："昔年我出使北国，卧病车中，闻汝主命，即起尽礼。你怎能称病就废礼呢？"一番话说得萧英无言以对，只好起身参拜（参见蔡东藩：《宋史通俗演义》第二十九回，三秦出版社 2006 年版）。

富弼首战告捷，大挫辽使气焰。萧英也不敢怠慢，有所收敛。

3. 艰苦的外交谈判

回到东京，辽使觐见宋仁宗，传达辽主问候，被安排在馆舍住下。富弼随行陪同，以礼相待，多次与辽使坦诚相见，互相磋商。萧英深受感动，便也未隐瞒来意。他告知富弼辽方的真实意图是欲取关南之地，并透露了辽方的谈判底线，要么宋朝割地，要么

宋仁宗像

增币，和亲也未尝不可。

富弼探知辽方意图，立即奏明仁宗。仁宗与大臣们商议再三，考虑到当时国家的实力，决定忍辱负重，增加岁币，求得和平，并决定派出谈判使节出使辽国，与辽方磋商。在出使人选上,朝廷又犯了难。此次谈判，任务艰巨，必须选一位能言善辩、有胆有识的人才行。宰相吕夷简再次举荐富弼。他认为，富弼有出使辽国的经验，同时机智过人，能够随机应变。这次派他出使辽国，肯定不辱使命。

富弼在迎接辽方使者上表现出的有理、有利、有节深得仁宗赏识，此时一听宰相进言，深表赞同，于是欣然下旨，命富弼随辽使前往谈判。

辽国重兵压境，来者不善，此行如羊入虎口，吉凶难测。富弼肩负重任，许多亲朋好友深深为他担忧。时任集贤院校理的欧阳修，就极力劝阻好友不要领命。然而，国家有难，怎能置身事外？富弼思前想后，深感此行关系国家安危、百姓生活，于是怀着满腔报国之愿，毅然决定接受命令，出使辽国。

临行前，富弼叩拜仁宗，表明自己的忠贞为国之志，并承诺："臣此去，除增币外，决不妄允一事。倘契丹意外苛索，臣誓死以拒之。"仁宗为之动容，启程之日，面授富弼为枢密直学士。宋朝的枢密院，掌军政，握有实权。富弼坚辞不受，他叩奏道："国家有急，义不惮劳，怎敢先受爵禄？”仁宗听罢，对富弼的忠勇之义更加激赏。即日，富弼与辽使萧英一行，离开宋汴京，赶赴辽国都城临潢（参见《宋代宫闱史》第049回）。

富弼出使，前景难料。为增加谈判的砝码，宋决定在军事上采取一些相应的措施，作为谈判使者的军事后盾，应对辽军聚集幽蓟，炫耀武力之举。几经廷议，最后决议：在幽州、蓟州一带，建立大名府加强管辖，同时命令将军王德用在河北一带操练兵马，虚虚实实，迷惑辽军。果然，辽军派人刺探宋朝军情，恰逢王德用率领精兵日夜操练，威风凛凛、军容整肃、装备精良。辽兵回报，宋虽败于西夏李元昊，但未伤元气，兵精粮足，强盛如昔。如此一来，辽帝耶律宗真意识到，索取关南之地，实非易事。

富弼等一路风餐露宿，历经艰辛，几经耽搁，终于抵达辽京。次日被引见给辽主耶律宗真，宗真设宴款待。席间，双方唇枪舌剑，展开交锋。富弼针锋相对，据理力争，对答如流。

谈判开始，富弼开门见山，先声夺人：“两朝人主，父子相继，四十年相安无事。今辽国挑起事端，寻衅滋事，无故来求割地，究属何故？”宗真雄才伟略，不愿示弱，反过来以“南朝违约”为借口，质问宋朝为什么要闭塞雁门、增设塘水、治理城隍、登籍民兵。并假惺惺地说：“我国群臣，都请举兵讨伐宋朝，是我主张先遣使质问，并索关南故地。若南朝不肯相让，再举兵不迟。”

富弼听后并不领情。他摆事实，讲道理，态度强硬地回应道：“北朝难道忘了我朝先帝的恩德了吗？澶渊之役，我朝将士，个个主张开战。若先帝听从众将之言，恐怕辽军生还无望。先帝顾全南北兄弟情谊，这才特地与辽国订约修好。”宗真大惭，富弼趁机进一步谈起双边和战之利，他说：“北朝与中国通好，利在人主。若用兵，则利于臣下，而人主空担其祸。现在，北朝又欲发动战争，想是北朝臣下，为自身谋利，不管人主的祸福。”（参见蔡东藩：《宋史通俗演义》，三秦出版社 2006 年版）

辽主不觉一惊，刨根问底道：“为什么说动干戈是不管人主的祸福呢？”富弼洞悉辽主心理，趁机提出后晋石敬瑭功高叛主（后唐）的历史故事，大加游说。他说：“昔晋高祖石敬瑭欺天叛君，当时末代皇帝昏庸，土地狭小，上下叛离，北朝乃得进克中原。但试问，所得金币，果涓滴归公了吗？北朝费了若干军饷、若干军械，徒令私家中饱私囊，而公府亏空。”接着他又设身处地，诚恳地对宗真说：“如今，中国疆封万里，精兵百万，法令修明，上下一心，北朝如用兵，能保得住必胜么？即便得胜，劳师伤财，是群臣受害呢，还是人主受害呢？若通好不绝，岁币尽归人主，群臣有何利益？因而，群臣主战不主和。为人主计，则宜和不宜战。”富弼一番关于“和战君臣孰受益”的慷慨陈词，使辽主茅塞顿开，边听边不断点头表示赞同。

石敬瑭像

富弼察言观色，见辽主已有所动，接着逐条驳斥辽方所列出兵理由，他说：“塞雁门，是为了防备李元昊，并非针对北朝；开浚塘水，这远在南北修好之前，已是多年之事了；修葺城隍，是因其太破旧了；至于登籍民兵，只不过是补缺。这哪有一项是违约之举呢！”

宗真听罢，对轻启战端已经有所动摇，但仍然对关南之地念念不忘，坚持索要，提出：“不过祖宗故地，幸乞见还。”富弼引史说今，针锋相对地反驳道：“晋以卢龙之地送与契丹，周世宗复取关南，这都是前代的旧事。如果现在纠缠历史旧账，各自索取历史上失去的地方，那么燕云十六州也应归于南朝，幽蓟曾隶属中国，难道那里是北国的故地吗？”

富弼对答如流、口若悬河、言辞锋利，句句点明要害。宗真一时语塞，面色发窘，沉吟良久，命大臣刘六符陪富弼回馆驿休息。

刘六符是辽国重臣，他企图通过加强私人感情，说通富弼让步，于是设宴款待，盛情邀约。席间，酒喝得正酣，他趁机旧事重提，语作诚恳地试探道：“我主耻于受金帛，定欲得关南十县。南朝何不暂许通融呢？”

富弼见刘六符以诚相待，遂也坦诚相见，他言辞坚定地拒绝了刘六符的提议，表示割地毫无商量的余地，并转述了行前仁宗的一番言辞，内容是：“朕为祖国守国，不敢以尺地与人。北朝所欲，不过租赋，朕不忍两朝赤子，多罹兵革，所以屈己增币，聊代土地。若北朝必欲得关南十县，是志败盟，借此为词。澶渊盟誓，天地鬼神，共鉴此言。北朝若首发兵端，曲不在我，天地鬼神，恐不肯受欺！”表示自己不敢违背圣命，望大辽皇帝允谅。

富弼一番话，不卑不亢，据理力争，同时对辽国的背信弃义旁敲侧击，委婉指责。刘六符不免心中惭愧，无言以驳，只得表示：“南朝皇帝存心如此，大善，大喜。我们彼此共同奏请，使两主情好如初。”（参见蔡东藩：《宋史通俗演义》，三秦出版社 2006 年版）

翌日，辽主召请富弼一同到郊外狩猎。燕北之地，地广人稀、天高云淡、莽原无垠。宗真摆出精兵强将，布成阵列。他将马挽近富弼身旁，对着山川、军队指指点点，不无炫耀地说："北朝山川雄峻，人才辈出。朕很佩服你的才干。南朝若许我关南之地，我当永感厚谊，誓敦和好。"富弼不为所动，立即反驳道："北朝以得地为荣，南朝必以失地为辱。两朝既称兄弟，怎可一荣一辱呢？"富弼此言，合情合理，辽主只好敷衍以对。

狩猎结束，刘六符再次奉命与富弼商讨。他虽然不再坚持索取关南之地，却提议改由两国和亲。富弼牢记朝廷制定的只同意增加岁币的谈判底线，机智地晓之以利，回答道："联婚易生嫌隙，何况我朝公主的陪嫁，超不过10万串钱，同岁币相较，那简直如九牛一毛。"

辽主宗真得报，深表赞许，终于同意放弃索地，只增加岁币，并令富弼回国取盟书。

4. 再次出使

富弼不辱使命，回京复命。关于增加多少岁币的问题，富弼再次使辽，同刘六符进行谈判。经往来辩论，终于取得一致意见：宋朝每年增加币银5万两，绢1万匹。辽方撤退重兵，永守边界。

谈判结束后，富弼打点行装，准备启程回国。不料此时，辽主又横生枝节，提出："南朝既赠我岁币，文书上应称'献'"。虽然只是一字之差，但实则关系到两国是否属于平等关系，涉及宋朝的国家尊严。富弼敏锐地意识到这种文字游戏背后的隐忧，于是断然拒绝了辽王的无理要求。他委婉地表示："南朝为兄，岂有兄献弟的道理。"辽王见富弼态度坚决，于是又提出用"献"改"纳"的方案，实则换汤不换药。富弼坚持主张，拒绝交涉。辽主对此颇为不满，威胁道："岁币都已议定增加，何必在乎区区一个字呢。若我拥兵南来，你们不后悔吗？"富弼一听，义愤填膺，针锋相对地提出抗议："我朝屈己增币，只因兼爱南北人民，以求世世通好，并非畏惧北朝。如果北朝以武力相胁，改和为战，到那时，谁胜谁负，还很难预料！"宗真见富弼发怒，只得好言安抚，说："卿勿固执，古时亦有此先例呢，缴纳银、绢时，使用献、纳二字。"富弼见此，也以历史先例进行毫不客气地反驳："唐高祖曾向突厥借兵打天下。唐对突厥的馈赠用过'献''纳'字

李世民像

样，那只不过是权宜之计。后来颉利可汗为李世民所擒，囚于长安，臣服于唐，还有什么‘献’‘纳’可言？”

几番唇齿交锋，辽主深知富弼态度坚决，不肯通融，于是决定派使臣到宋朝再议。“献、纳之争”于是转到朝廷。

一字之差，关乎国家荣辱。富弼返抵宋京，立即面奏仁宗：“臣已力拒献、纳二字，辽方已气阻，提不出什么道理。对来使，幸勿再许。”仁宗满口答应。不料满朝权贵，只求苟安，但求辽国心满意足，不再出兵威胁，于是不顾富弼劝阻，在最后的文书上同意了使用“纳”字。此后，双方互换文书，辽兵撤退，宋朝依协议每年增付银绢。

这场历时两年的对外交涉，至此圆满完成，虽然稍有遗憾，但终究达到了退兵的既定目标。因富弼功高，仁宗下令表彰，升他为枢密副使。富弼坚辞婉谢，说：“增加岁币，非臣本意。只因近日方讨李元昊，无暇与契丹角逐，故而臣未敢死争，怎可无功而受赏呢？”富弼使辽，对辽国野心深有感触。他向仁宗进言：“虽然目前盟约已订，获得暂时和平，一般百姓，自此以为天下太平，对辽国居心叵测毫无防备。但辽国野心难收，盟约随时会被撕毁。万一辽毁约弃盟，大举入侵，那时臣非但无功，且成千古罪人。臣愿陛下卧薪尝胆，整军经武，有备无患，以杜绝辽国窥伺之心。”同时，他提议收回擢升成命，使天下人知道：使臣不受赏，和约不可靠，辽国随时可能来犯，提高警惕，加强戒备，巩固边防，以武力为外交的后盾，才能获得永久和平。

富弼深谋远虑，态度坚决，仁宗于是收回成命，改任富弼为资政殿学士。

据说，富弼两次使辽，两次接家书而不阅。为了使自己专注国家大事，专心对敌，他连信都不看一眼，就付之一炬，以致爱女病逝、老年得子的消息都是事后才得知。富弼以国事为重，把家事完全置诸脑后，堪称恪尽其职。

对这位和平使者，《宋史》下了这样的断语："再盟契丹，能使南北之民，数十年不见兵革，仁人之言，其利博哉！"

延伸阅读

宋代的海外航运管理及其市舶机构

宋代统治者为了加强海外贸易的管理，积极建置市舶司机构并颁布市舶司的条例，努力发展贸易海港，这些积极的措施促进了中国古代航运事业的发展，对宋代经济发展也产生了十分重要的影响。

一、市舶司的历史变迁

北宋初期，在消灭南汉与吴越割据政权后，即沿袭前制，先后在广州与杭州设市舶司，掌管岭南与两浙路各港的对外航运贸易事务。淳化年间（990—994），杭州市舶司曾一度迁往明州定海县，但不久又迁回原址。咸平二年（999），宋廷“又于杭、明州各置司”（徐松：《宋会要辑稿·职官四四》），与广州市舶司并称“三司”。至元祐二年（1087）与三年（1088），又增设泉州和密州板桥镇两市舶司。北宋后期，杭、明两州市舶司曾一度罢停，但于崇宁元年（1102）七月十一日，即诏令“依旧复置”。政和二年（1112）五月二十四日，又“诏两浙、福建路依旧复置市舶”。由此至北宋末年，再未废弃过任何一个市舶司。除上述 5 个市舶司外，宋廷还在政和三年（1113）于秀州华亭县设置市舶务。政和七年（1117），还指令“镇江、平江府，如有蕃商愿将舶货投卖入官，即令税务监官依市舶法博买”（徐松：《宋会要辑稿·职官四四》），使两府税监机构兼掌市舶的职能。

南宋时期，淮河以北被金国占领，密州市舶司不复存在。宋高宗初政时，曾以“市舶司多以无用之物，枉费国用，取悦权近”为名，一度废弃“两浙、福建路提举市舶司，并归转运司”。但不到一年，即以“并废以来土人不便，亏失数多”为由，在建炎二年（1128）五月二十四日，又诏“依旧复置”（徐松：《宋会要辑稿·职官四四》），与广南东路市舶司并存。此后，广、泉两市舶司一直较稳定，而两浙路市舶司却变迁甚大。在南宋前期，两浙路市舶司曾由杭州迁至秀州华亭县，而在杭州、明州、秀州华亭与温州、江阴军等港设市舶务。但到宋孝宗乾道二年（1166）六月，又以“冗蠹”（徐松：《宋会要辑稿·职官四四》）为由，罢华亭县两浙路市舶司。继而，从南宋中期后，又先后罢废杭州、江阴军、温州、秀州4处市舶务。到了南宋后期，又在澉浦（今属浙江省海盐县）设市舶司。

至于市舶司的官吏配置，宋朝变易甚多。北宋开宝四年（971）六月初建广州市舶司时，“以知州为使，通判为判官，及转运使司掌其事，又遣京朝官、三班、内侍三人专领之”（徐松：《宋会要辑稿·职官四四》）。不久，罢判官之名，以通判兼监。北宋中期，一度由江淮等路发运使与副使兼管，但因难以顾及，于是到熙宁八年（1075）又取消兼职。至元丰三年（1080），悉免地方长官之市舶兼职，而由各路转运使（或副使）直接任提举市舶司。此后，则“专置提举，而转运亦不复预矣”。到南宋时期，广州、泉州仍设“提举市舶”；而两浙路的市舶官制则变化很多，时而将市舶司归转运司，时而由提点刑狱司或提举茶事司兼管。宋孝宗乾道二年（1166），两浙路市舶司遭罢，各下属港口市舶务均由当地官员兼管，并隶督于转运司。

二、市舶条例的制定与实施

为了维护封建王朝的政治与经济利益，使市舶机构在管理航运贸易时有法可依，宋朝政府还多次制定与修改市舶条例。

在北宋前期，“提举市舶司”在“掌蕃货、海舶、征榷、贸易之事”（《宋史·职官志七》）时，并无统一的法规，只是遇到具体问题时采取一些临时性的措施，随意性较大。直到宋神宗熙宁九年（1076），政府下令“详议广州、明州市舶利害，先次删定立抽解条约”（李焘:《续资治通鉴长编》卷二七五）。经过4年的修订，到元丰三年（1080）才推出“广州市舶条法”，“委官推行”，并诏令全国诸路市舶照此办理。“广州市舶条法”，是中国历史上第一个航运贸易法规，虽不尽完善，但影响

宋徽宗像

深远，后也常称其为“元丰法”。该法在施行过程中，历届政府又屡加“续降冲改”，致使矛盾迭出，抵牾不一，使“官吏无所遵守，商贾莫知适从，奸吏舞文，远人被害，其为患深”。为此，宋廷执政者如宋徽宗、宋高宗等曾多次议修划一，以便“从长立法，遵守施行”（徐松：《宋会要辑稿·职官四四》）。然终因内外干扰，积重难返，直至南宋告亡仍未见成效。

关于宋代市舶司条例，现将其中与中国航运贸易事业有关的基本内容，分述如下：

舶商出海，必先向本地官府提出申请，呈报船上所载货物、船员与经商地点，并由富户三人作保，经州官核实后，转送出发港所在州府复审，并由市舶司签发出海贸易许可证——“公据”“公凭”或“公验”。凡未经申报或未取得合法证书而私自出海者，要“徒二年，五百里编管”“并许人告捕，给船物半价充赏；其余在船人员，虽非船物主，并杖八十”（李焘：《续资治通鉴长编》卷四五一）。为加强对海舶的管理，元丰三年（1080）八月规定，“诸非广州市舶司辄发过南蕃纲舶，非明州市舶司而发过日本、高丽者，以违制论”（《苏东坡全集》卷五十八）。但因海上贸易日益频繁与航线渐趋交错，这样硬性分工多有不便，就于元丰八年（1085）九月改为“诸非杭、明、广州而辄发海商舶船者，以违制论”（《苏东坡全集》卷五十八），这就是说，各主要市舶司都有权签发至海外任何地区经商的贸易证书了。在海船办妥出海手续起航前,还要派“不干碍官”（与市舶司无关的吏员）上船“点检”，防止各类违禁的物品（如铜币、武器）与人员（如妇女、奸细、逃亡军人）走私出口，其后再派官“复视，候其船放洋，方得回归”。（徐松：《宋会要辑稿·职官四四》）

对于海舶返航，北宋初原定必须回“发舶州住舶，公据纳市舶司”（李焘：《续资治通鉴长编》卷四五一）。但在元丰三年（1080）八月又允许在“风信不便”等特殊情况下，可“于非原发舶州住舶抽解”。结果，“大生奸弊，亏损课额”（徐松：《宋会要辑稿·职官四四》）。为此宋徽宗在崇宁五年（1106）又下令恢复旧制。南宋时期，对此制度也是先撤后复，并于宋孝宗乾道三年（1167）严禁各市舶司对别处所发海舶，“不得拘抽解”，必须“委官押发离岸，回元来请公验处抽解”（徐松：《宋会要辑稿·职官四四》）。这充分反映了各地以及中央与地方之间在航运贸易利益上的明争暗斗。宋朝还规定，海舶进港必须由巡检司派军护押，待泊定后，即“差兵检视”，封存船货，“谓之编栏”，然后当地官府“帅漕与市舶监官”等登船验证、点货、“阅实”，以防船货私漏及违禁品入境。

“抽解”（或“抽分”），即指从全部货物中抽取若干份，并解赴京城。对这一国家征收的实物关税，朝

宋代铁货

廷控制极严，规定凡“未经抽解，敢私取物货者，虽一毫皆没其余货，科罪有差”（宋·朱彧：《萍洲可谈》卷二）。宋代抽解，其税率先后不同：初始，“大抵海舶至，十先征其一”（《宋史》卷一八六）；到淳化二年（991），曾“抽解二分”；但到宋仁宗时期，又复为“十算其一”；北宋末年，改为粗细两色货种分类抽税，如“以十分为率，真珠、龙脑，凡细色抽一分，玳瑁、苏木，凡粗色抽三分”（宋·朱彧：《萍洲可谈》卷二）。南宋初期，因财源枯竭，“一时措置抽解四分”，后因“蕃商陈诉抽解太重”，又于绍兴十七年（1147）“依旧抽解一分”（徐松：《宋会要辑稿·职官四四》）。南宋后期，税率又有所回升，规定“细色伍分抽一分，粗色物货七分半抽一分”，后因舶商嫌重不来，再改为“不分粗细”，凡“高丽、日本船纲首、杂事十九分抽一分，余船客十五分抽一分”，而南海商舶则“不分纲首、杂事、艄公、贴客、水手，例以十分抽一分”（罗濬等：《宝庆四明志·郡志卷第六》）。

禁榷，即对某些货物专买专卖。北宋太平兴国初期，京师设权易署，几乎所有舶来品均由政府统购，后因民间缺乏香药，才于太平兴国七年（982）将禁榷物初定为珠贝、玳瑁、犀牙、镔铁、龟皮、珊瑚、玛瑙、乳香8种，后又加紫矿、鍮石至10种。到南宋时期，又将“牛皮筋骨堪造军器之物”列入禁榷范围。对禁榷之物，宋朝规定凡有私下贸易者，“计直（值）满百钱以上论罪，十五贯以下黥面流海岛，过此送阙下”，押京治罪。淳化五年（994）又“申其禁，至四贯以上徒一年，稍加至二十贯以上，黥面配本州为役”（《宋史》卷一八六）。

博买，又称官市，即对某些利厚的进口商品以低价强行收购。如北宋淳化二年（991）规定，“除禁榷物外，他货择良者止市其半，如时价给之”（徐松：《宋会要辑稿·职官四四》）。然这种“时价”定得很低，“凡官市价微，又准他货与之，多折阅，故商人病之”（朱彧：《萍洲可谈》卷二）。这种一方面压低收购价，另一方面又将库存滞销货折价抵算的博买，实际上是变相的抽解。

进口货物历经抽解、禁榷与博买，所剩“粗恶者”，商人才“得为己物”（朱彧：《萍洲可谈》卷二），方可在市舶司所在地或申请赴外地出售。

航运贸易获利丰厚，故权贵官吏时常凭借权势，或“发舶舟，招蕃贾，贸易宝货”，或“以赀付海贾，往来贸市”。同时，还常以“和买”为名，对舶货“择其精者，售以低价”，甚至“不给一钱”，使“宝珍、象齿、通犀、翠羽、沉香、熏陆，诸珍珠怪物，泰半落官吏手”（《宋史》卷三八八），由是“舶之至者滋少，供贡阙绝”（宋·真德秀：《真文忠公文集》卷四三）。为确保航运贸易正常开展并独占市舶收益，宋廷三令五申，严禁权贵官吏参与此事。北宋至道元年（995），宋太宗诏示广州市舶司，“食禄之家，不许与民争利”，凡“内外文武官僚敢遣亲信于化外贩鬻者，所在以姓名闻”，并敕令“市舶司监官及知州、通判等，今后不得收买蕃商杂货及违禁物色，如违当重置之法”（徐松：《宋会要辑稿·职官四四》）。南宋时期，也一再颁诏，“严饬泉、广二司及诸州舶务”不准擅买舶货，“如或不悛，则以赃论”（徐松：《宋会要辑稿·食货三十八》）。然而这些禁令收效甚微，权贵涉足海外经商之事仍层出不穷。如南宋将领张俊就曾出资50万贯，交由老兵私下造舰下海，“获利几十倍”。擅利30年的泉州提举市舶使蒲寿庚，则更是拥有大量私舶的豪富巨商。

宋朝政府在严禁权贵经营海外贸易的同时，对那些能积极招徕外商、发展市舶有功的官吏与纲首等，授予或提升官职以示奖励。如南宋绍兴六年（1136）规定，“闽、广舶务监官抽买乳香，每及百万两转一官（升一级）”，还有“诸市舶纲首能招诱舶舟，抽解物货，累价及五万贯、十万贯者，补官有差”（《宋史·食货志下》）。

海船起航前，舶商必先“经所在舶司陈告，请领总司衙门（泉府司）元发下公据、公凭”，并由“物力户”与“保舶牙人”作保，船员也要五人具结作保。元代的出海贸易许可证统称公据，分公验、公凭两种，“大船请公验，柴水小船请公凭”（《元典章·户部·市舶》）。每艘大船可带柴水小船和八橹船各一艘随行。公验内须“开具本船财主某人、直库某人、梢工某人、杂事等某人、部领等某人、碇手某人、作件某人，船只力胜若干、樯高若干、船面阔若干、船身长若干”，还须填明“所往是何国土经纪，不得诡写管下洲岛别名，亦不许越过他国”（《通制条格》）。

总之，宋代市舶条例，对推动与维护封建国家海外贸易事业起了重要的作用，也从一个侧面展示了当时航运经商活动蓬勃开展的历史面貌。

写“高丽志”的大宋外交官——徐兢

徐兢（1091—1153），字明叔，号自信居士。北宋和州历阳（现安徽和县）人，徙居吴县（现江苏苏州）。北宋著名的航海活动家，官拜奉议郎、提辖。18 岁入太学，后任司刑曹事、继知雍丘（今河南杞县）、原武（今河南原阳）等县事，颇有政绩。北宋宣和五年（1123），以国信使提辖官身份，随从给事中（官名）路允迪出使高丽，回来后就写下《宣和奉使高丽图经》一书，这是专门记载高丽王朝的历史地理著作，随之进献于朝廷，即赏赐他同进士出身，命知大宗正丞事兼掌书学。绍兴二十二年（1153）病逝，终年 62 岁。

1. 出使背景

宣和奉使高麗圖經序

奉議郎充奉使高麗國信所提轄人船

禮物賜緋魚袋臣徐　兢撰

聞天子元正大朝會畢列四海圖籍于庭

而公侯伯萬國輻湊此皆有以捴之故有

司所藏嚴毖特甚而使者之職尤以是爲急

在昔成周職方氏掌天下之圖以掌天下之

地辨其邦國都鄙四夷八蠻七閩九貉五戎

六狄之人民周知其利害而行人之官略畢

《宣和奉使高丽图经》

徐兢出生在北宋时期。北宋是中国历史上继五代十国之后的朝代，与南宋合称宋朝，又称两宋。北宋元祐六年（1091），在北宋和州历阳（现安徽和县），一个男婴呱呱坠地，他就是徐兢。据说，徐兢刚数月大的时候，就紧紧抓住书画不放手，到了十几岁的时候，在书画方面就已十分优秀。徐兢祖辈世代为官，再加上宋代盛行科举考试，徐兢 18 岁就入了太学，虽善学习，但是每次乡试总是不得中，导致他没能早日飞黄腾达。

北宋徽宗政和四年（1114），此时的皇帝只有 32 岁，正是春秋鼎盛的年纪，但御宇海内已 14 年，开创了北宋史上最后一个盛世。徐兢就是在这一年(1114)初入仕途的，依靠父亲的关系，他在通州某得司刑曹事的差事，后来又在雍丘（现河南杞县）做县令。当时，有两兄弟常年诉讼，但一直未得到妥善解决，徐兢就命手下的人为兄弟俩设了一个饭桌，让他们吃在一起，睡也在一起。果真，没过几天，两兄弟便领悟了其中的道理，立即改过自新。徐兢因此在当地树立了威望，全县的治安也因此变得大好。

赵构像

在书法和绘画方面，徐兢也颇有造诣。擅书法的宋高宗赵构曾高度赞赏徐兢的书法，“书学之弊，无如本朝……至若绍兴以来，杂书、游丝书惟钱塘吴说，篆法惟信州徐兢。”（宋·赵构：《翰墨志》）后人也给了很高的评价，“超逸褚、薛、颜、柳，众体兼备……天下言书者以公为宗”。徐兢的画也堪称一绝，其中山水、人物最为冠绝，很遗憾的是，他的画作没有一幅遗留后世。

此外，徐兢还是一个扶危济困、仗义疏财、不慕金钱的人。有次，徐兢和许滂（河南少尹）在彭蠡湖游玩，许滂不小心落入水中，徐兢不但救了他，还自己花钱接济他，这让许滂深受感动。许滂拿钱感谢他，徐兢执意不肯收。后来，徐兢去郑州原武县任职县令，当地的百姓十分爱戴他。

徐兢出生于乱世，当时，北宋与北方的辽、金政权关系紧张，战争一触即发，只能与朝鲜半岛的高丽国联合。后唐清泰三年（936），高丽国统一朝鲜半岛。北宋建隆元年（960），赵匡胤黄袍加身建立宋朝，后高丽逐渐向宋朝朝贡，两国关系日益交好。乾德元年（963），高丽成为宋王朝的属国。当时，宋朝陆上的丝绸之路被北部政权断绝，只能依靠海上交通与高丽来往。华夏民族与朝鲜半岛的政治关系在隋唐时虽曾一度紧张，但随着新罗统一朝鲜半岛，双方很快又恢复了友好交往。到9世纪，新罗国内阶级矛盾尖锐，农民起义风起云涌，百济与高丽在旧土上重建王国，再次在半岛上形成鼎立局面，史称“后三国”。至后唐清泰三年（936），高丽又先后灭掉新罗与百济，统一朝鲜半岛。

北宋前期，北方契丹族的辽国处于盛期，成为北宋王朝的心腹之患。为防止有人以海上经商为名，行私下通辽之实，中央政府曾明令禁止与高丽进行航运贸易。例如，宋仁宗时期，有“客旅于海路商贩者，不得往高丽”（《庆历编敕》《嘉祐编敕》）的条款；宋神宗时期，也有“往北界高丽、新罗并登、莱界商贩者各徒二年”（《熙宁编敕》）的法律。但这些规定仅是一纸空文，并未严格执行。一方面，许多舶商不顾禁令，利之所趋，铤而走险；另一方面，有些舶商取得政府默许或暗使，以贸易为由，进行私下外交，完成某种特殊使命。这种明闯暗渡的情况之所以存在，除双方有着悠久的航运交往传统因素外，主要是当时复杂的政治、军事因素所致。因为在后唐同光二年（924），辽国并吞渤海国之后，又越过鸭绿江，染指朝鲜半岛，对高丽构成了巨大的威胁。在辽国东征南伐的逼人态势下，北宋与高丽深感有加强睦邻友好的必要，于是在元丰二年（1079），北宋宣布允许“贾人入高丽”。由此，宋朝航行赴高丽的使臣及舶商日益增多，而高丽方面对此极表欢迎之意。凡北宋民间“贾人之至境”，则“遣官迎劳”，且在贸易中，时予优惠，“计其直（值）以方物数倍偿之”。与此同时，高丽海舶纷纷南驶，入宋经商或留学、求仕，北宋政府对其也是关怀备至。如因“明州、登州屡言有高丽海船遇风漂至境上”，宋廷即“诏令存问，给度（渡）海粮遣还”（《宋史·高丽传》），并“仍著为例”；宋神宗还特“赐明州及定海县高丽贡使馆名曰‘乐宾’，亭名曰‘航济’”，表示嘉慰与恭贺之心。南宋时期，因与金对峙，政府害怕高丽与金朝互通消息，故与高丽的关系一度疏远，但后来又逐渐密切起来。纵观宋朝时期，双方舟帆往来，殊为频繁。仅据朝鲜史料的不完全统计，前往高丽的宋代航运者，有记载可考的即达5000余之众。

宋徽宗时期，为了与金、高丽联合夹击辽国，宋朝与高丽国的关系重新和好。宣和四年（1122），正值高丽国国王王俣去世时，宋徽宗特派使者去高丽吊唁，因为高丽希望能有书画高手前往传艺交流，徐兢因擅长书画而被任命为随使出使高丽。

为“震慑夷狄”，宋徽宗专门派人为使团建造了两艘巨船。高丽人从未见过规模如此的大船，船到高丽，满城的人都跑出来观看，纷纷奔走赞叹，所谓“倾国耸观，欢呼嘉叹”。

2. 奉使高丽

北宋与高丽的友好往来，不仅表现在民间海上贸易之兴旺，而且反映在官方外交航海之频繁。据统计，在宋朝时期，高丽遣宋使者有 57 次，宋使前往高丽者也有 30 次，其中最著名的莫过于徐兢奉使高丽。

宣和四年（1122）春三月，宋徽宗拟遣给事中路允迪、中书舍人傅墨卿出使高丽，徐兢随使而行。九月，惊悉高丽国王王俣去世，由王子登位，即委任徐兢等一行兼作吊丧与贺喜的特使，于次年五月十六日由明州登舟启碇。

徐兢一行的远航船队，由 2 艘神舟与 6 艘客舟组成，规模相当可观，其驶往高丽的航线在《宣和奉使高丽图经》中有记载，它具有重要的文献价值，兹分 6 段录释如下：

（1）五月十六日，自明州出发；十九日，达定海县（今浙江省甬江口镇海县）招宝山，“自北方谓之出海口”。二十四日，“八舟鸣金鼓、张旗帜，以次解发”，是日，天气晴快，“乘东南风，张篷鸣舻，水势湍急，委蛇而行”。接着，“过虎头山（今镇海县招宝山东北之虎蹲山），再行数十里，即至蛟门（今虎蹲山东北七里屿之东）”“历松柏湾，抵芦浦抛碇，八舟同泊”。二十五日，“四山雾合，西风作，张篷委地曲折，随风之势，其行甚迟”，而后“至沈家门（今普陀县沈家门）抛泊”；二十六日，“西北风劲甚”，遂“以小舟登岸入梅岭（又名补陀洛迦山，今普陀山）”；二十七日“以风势未定”而继续避泊待航；二十八日，“天日清晏”“八舟同发”，过海驴礁、蓬莱山（今大衢山），至半洋礁（今黄龙山之东偏南之东半洋礁）；二十九日，是夜“复作南风”，乃“入白水洋（蓬莱山及其以北浙江近岸水域）；三十日，过黄水洋（今江苏淮河入海口附近水域），继而离岸东驶，横渡黑水洋（今江苏省以东、山东半岛之南与东以及朝鲜半岛西岸之西的黄海水域）”。

（2）六月一日，乘东南及西南风航行，“入夜风微，舟行甚缓”；二日，“西南风作”，“正东望夹界山（今小黑山岛），华夷以此为界限”；三日，“东南风作，转航西北，午后过五屿（今大黑山群岛西南，亦为荞麦岛西南之南北纵列五小岛，其中为上、中、下苔岛，其北为弁屿，其南为间屿）、排岛（亦名排垛山）、白山（今荞麦岛）、黑山（今济州岛西北之大黑山岛）、月屿（今朝鲜半岛东南端的前、后曾岛）、阑山岛、白衣岛、跪苫”。

（3）六月三日“夜分风静”，过春草苫；四日，经槟榔礁、菩萨屿，至竹岛（位于全罗北道兴德里西七里之海中）；五日，过菩苫苫（今扶安西南之猬岛）；六日，至群山岛（今古群山群岛）抛泊，高丽政府即“遣使来投远迎状”“午后副使乘松舫至岸”，进行礼节性拜访，继而“归所乘大舟”；七日，“解舟宿横屿”。

（4）六月六日，续航，南望紫云，午后过富用山（今安眠岛南之元山岛）、洪州山（今安眠岛上之承彦里）、鸦子苫（今安兴西贾谊岛附近）、马岛（今海美、泰安西之安兴）。

（5）六月九日，过九头山、唐人岛、双女礁（上三处在今安兴以北海域中，与马岛相近）。中午，驶过大青屿（在今首尔东南广州海中），又经和尚岛（今大舞衣岛）、中心屿（今龙游岛）、聂公岛、小青屿（今永宗岛以南之小岛），至紫燕岛（今仁川西之永宗岛）抛泊。高丽广州（今仁川）地方官遣译官“持书来迎”，徐兢等登岸到馆致谢。

（6）六月十日，午前八舟启碇，午后落篷，摇橹划桨,“随潮而进”急水门(似今永宗岛北方、信岛以东,向北直通礼成江的狭窄水道),“其门不类海岛,宛如巫峡江路”。近暮抵蛤窟(急水门之上际锚地)抛泊。十一日,经分岭,续航至龙骨(礼成江口锚地)再抛泊。十二日,“随潮至礼成港(今开城西三十余里许的礼成江畔)”。宋朝特使“奉诏书于彩舟,丽人以兵仗甲马、旗帜仪物共万计,列于岸次,观者如堵墙,彩舟及岸”。“次日,遵陆入于王城(今开城)”,受到高丽举国上下的热烈欢迎。

完成出使任务后,徐兢等人于七月十三日离开高丽,艰难经历了海上风大浪急的重重波折后终于返回国。从高丽回来后,徐兢便立即着手《宣和奉使高丽图经》的编著,这是一部纪实性航海著作,主要记述了古代高丽的城邑、山川、风俗、典章制度,同时对宋代先进的航海工具、航行技术以及这次航行路线和航行考察活动都做了详细的描述,书中内容生动地体现出古代中朝之间的友好睦邻关系。该书堪称 12 世纪宋朝航运的百科全书,也是中朝传统的友好关

宋代指南浮针

系的历史见证。

两宋时期对高丽的官方航运与民间航运均很活跃，随着当时政治、经济、外交因素的变化，先后形成了北、南两路航线。

北路航线，其主要干道是由山东半岛的登州（今山东省蓬莱市）出发，向东直航，横渡北部黄海，抵达朝鲜半岛西岸的瓮津（今朝鲜海州西南的瓮津）。据《宋史·高丽传》述，淳化四年（993）二月，宋廷遣秘书丞直史馆陈靖、秘书丞刘式人使高丽，其航程即由东牟（登州之别称）八角海口（今山东省烟台市福山区西北八角镇）登舟，"自芝冈岛（今山东省烟台市北芝罘岛）顺风泛大海，再宿抵瓮津口（今朝鲜黄海道瓮津）登陆"，然后取陆路，经海州、阎州（今朝鲜延安）、白州（今朝鲜白川），至高丽国都开城府（今朝鲜开城）。

北路航线的另一支道，是由密州（今山东省诸城市）板桥镇启程，出胶州湾，东渡黄海，直航朝鲜半岛西海岸。

这两条北路航线的特点是航距短，仅一海之隔，顺风一宿即达。元丰六年（1083），任赴高丽国信使之冯景奉诏，"案视近便海道""至登、密州，问知得二处海道并可发船至高丽，比明州实近便"（李焘：《续资治通鉴长编》卷三四一）。因此，在熙宁（1068 年始）

之前，宋朝与高丽的海上交往主要取北路航线进行。

但是，随着辽国军事威胁的加剧，北路航线发生了危机。对北宋来说，一方面由于登、密二州，特别是登州，濒临辽境，“地近北虏，号为极边”“虏中山川，隐约可见，便风一帆，奄至城下。自国朝以来，常屯重兵，教习水战，旦暮传烽，以通警急”，是防辽的海疆要塞，从登州往返高丽，不但易受辽舰掠袭，无法确保航行安全，而且有误本国水师军机；另一方面，有部分唯利是图的舶商，常“冒请往高丽国公凭，却发船入大辽国买卖”（《苏东坡全集》卷八，《乞禁商旅过外国状》），给本国政府带来不利。对高丽来说，也存在与北宋类似的问题，故而在熙宁七年（1074），“遣其臣金良鉴来言，欲远契丹，乞改途由明州诣阙”（《宋史·高丽传》）。由此北宋政府便严禁舶商自海道前往登州、莱州并取北路航线往返高丽。

南路航线的主要出发港是明州。北宋规定，凡“非明州市舶司而发过日本、高丽者，以违制论”（《宋史·高丽传》）。南宋时期，由于金朝占领了秦岭与淮河以北，“凡中国之贾高丽与日本，诸蕃之至中国者，惟庆元得受而遣焉”（罗濬：《宝庆四明志·郡志卷第六》）。这里的庆元，即为明州在绍熙五年（1194）的升格称谓。从明州出发直驶高丽的南路航线，其具体走向详见徐兢奉使高丽的航程路线，全长约800海里。

循南路航线赴高丽的启碇港，除明州外，还有泉州、杭州、海门（今江苏省启东县东北）、江阴（今江苏省江阴市）等处，其中泉州较为突出。据称，高丽“王城有华人数百,多闽人因贾舶至者”(《宋史·高丽传》)。仅据高丽史料统计，在北宋大中祥符八年（1015）至元祐五年（1090）的 75 年间，由泉州泛海而北者即达 19 起之多。不过,因泉州离高丽较远,主要通往南洋港口，因此高丽航线在泉州地位逊于明州，实际上只是高丽至明州航线的延长而已。杭州港与高丽的海上交通，也不乏其例，如前述宋使杨应诚等在建炎二年（1128）赴高丽的航程,即“自杭州登海以往”(《建炎以来系年要录》卷十四)。但因钱塘海口南有龛山，北有赭山，岸狭势逼，沙滩众多，“故海商舶船，畏避沙洋，不由大江，惟泛余姚小江,易舟而浮运河,达于杭、越矣”（宋·姚宽:《西溪丛语》卷上)。由此可见,宋船由杭州赴高丽,一般也是先循浙东运河、余姚江渡至明州，再扬帆北驶。至于海门、江阴两处，因地扼长江海口，与高丽亦是一帆可航，然因宋代中期以后，长江海口料角嘴受泥沙冲积而不断延伸、扩展，海门遂失去海港条件，唯江阴的黄田港尚有“万里风樯看贾船”的情景。

宋代船只模型

3. 撰写《宣和奉使高丽图经》

在出发前，徐兢等人专门了解并学习了高丽国的风俗习惯，并接受了皇帝的慰问。北宋宣和五年（1123）五月十六日，宋朝的使团出发前往高丽。徐兢一行人从明州（现浙江宁波）出发，经过黑山岛，抵达朝鲜半岛，进入高丽国。

作为使臣，徐兢处处留心高丽当地的风俗习惯、政治制度、山川形胜等，回国后便著《宣和奉使高丽图经》一书。

徐兢所著的书中配有图画，所以称为“图经”。此书的正本上呈徽宗，皇帝看后非常喜欢，就赐徐兢同进士出身，并封他官职。徐兢将副本在家中珍藏，但后来和正本一同散失了。后来,徐兢长兄徐林寻得副本,可是图已经散失,徐林之子徐蒇(音同产)据此本于南宋乾道三年(1167)刊刻,这是该书最早的刻本。

由徐兢撰写的《宣和奉使高丽图经》一共40卷,大致记录了宋朝船舶制造工艺、使者所行路线,高丽国的风俗习惯、政治制度和接待使者的礼仪等。

据徐兢的记述,当时的宋朝已经具备制造比客舟大3倍的大型“神舟”的能力。而且大大改进了动力系统,如对风帆使用的记录:“大樯(桅)高十丈,头樯高八丈。风正则张布帆五十幅,稍偏则用利蓬,左右翼张,以便风势。”这些说明了当时船舶不仅有顺风帆,还有侧风帆、逆风帆等,在使用风方面,除当头风以外,其余七面风都可行船,表明风帆利用的巨大进步。而16世纪后,西方才达到这个水平。此外,关于指南针在航海中的应用、夜间导航技术、航海图的绘制以及宋代组织严密的船舶管理模式等,书中都有详尽的记录和介绍。

《宣和奉使高丽图经》使得宋朝对高丽有了更深的了解。书中叙述了高丽人好酒、信奉道教等风土人情,介绍了高丽青瓷等当地手工制作,还对朝鲜半岛儒学盛行的面貌做了描述。这些都反映了中国文化对朝鲜半岛的影响之大。

尽管《宣和奉使高丽图经》已经不再完整如初,

但是翻开细读，脑海中仍能想象出北宋时期中原与朝鲜半岛交往频繁的画面。正是凭着这些使者的记录，人们才能找到千年的丝绸之路，其意义是十分重大的。

延伸阅读

宋代远洋航路的开辟

两宋（特别是南宋）的远洋航行空前活跃。以广州（或泉州）为始发港，两宋海舶频繁地驶向广大的亚非海区。据有关航海文献，当时主要的远洋航路如下：

一、广州（或泉州）—三佛齐航路

《岭外代答》说，“三佛齐国，在南海之中，诸蕃水道之要冲也。东自阇婆诸国，西自大食、故临诸国，无不由其境而入中国者”。又说，“三佛齐之来也，正北行舟，历上下竺与交洋，乃至中国之境；其欲至广者，入自屯门；欲至泉者，入自甲子门”（周去非：《岭外代答》）。《文献通考》也说，由三佛齐驶向中国，“泛海便风二十日到广州。如泉州，舟行顺风，月余也可到”。

三佛齐是宋代舶商在南洋进行直航贸易的主要口

岸。南宋初期，“泉州纲首朱纺，舟往三佛齐国，……舟行迅速，无有艰阻，往返曾不期年，获利百倍，前后之贾于外蕃者，未尝有是”（《祥应庙记》）。鉴于贸易利润丰厚，舶商趋之若鹜，舟帆接踵，络绎不绝。如“泉僧本称说，其表兄为海贾，欲往三佛齐”，不幸途中船只触礁沉没，仅剩其一人漂至一岛。“适有舟抵岸，亦泉人以风误至者，乃旧相识”（宋·洪迈：《夷坚志》），可见去三佛齐航海争利者，大有人在。同样，三佛齐国不但曾 30 多次遣使入宋，而且民间舶商（其中很可能有移居该地的华裔）也纷至沓来，互通有无。如太平兴国五年（980），“三佛齐国蕃商李甫海，乘舶船载香药、犀角、象牙至海口，会风势不便，飘船六十日至潮州，其香药悉送广州”（《宋史·三佛齐传》）。雍熙二年（985），三佛齐“舶主金花茶以方物来献”（《宋史·三佛齐传》）。熙宁十年（1077），三佛齐大首领兼大海商地华迦罗也航至中国，并出资修复广州天庆观，以祷佑“发船舶跨洪涛之险，常得安济，无曩日之惊危”（《宋史·三佛齐传》）。

由于三佛齐地扼新加坡海峡东南处海口，故更成为宋朝与印度洋沿岸航行交往的要冲，东西方的远洋船舶大多在此“修船转易货物”（朱彧：《萍洲可谈》卷二）。如印度半岛南部的海上强国注辇，在大中祥符八年（1015）曾遣娑里三文为进奉使，率 52 人的大型使团，携带众多的珍珠、象牙、香药为礼物，来华访问。据载，其航程中途停靠站凡三，最后一个即为三佛齐；从三佛齐至广州，航行历时 38 天。在阿拉伯的大食国，其海商也以“本国所产，多运载与三佛齐（东南亚古国）贸易，商贾转贩以至中国”（宋·赵汝适：《诸蕃志》）。甚至远在东非桑给巴尔的层檀国（又称层拨国或昆仑层期国），也取三佛齐为与宋代航运交通的中继站。如熙宁四年（1071），层檀使者初次赴宋远航，即停靠过勿巡（今阿曼境内）、古林（即故临，今奎隆）与三佛齐。

二、广州（或泉州）—阇婆航路

《诸蕃志》说，“阇婆国，又名莆家龙，于泉州为丙巳方；率以冬月发船，盖藉北风之便，顺风昼夜行，月余可到”。《宋史·阇婆传》说，从阇婆出发，“西北泛海十五日至渤泥国，又十日至三佛齐国，又七日至古逻国，又七日至柴历亭，抵交趾，达广州”。《岭外代答》也说，“阇婆之来也，稍西北行，舟过十二子石而与三佛齐海道合于竺屿之下”。

宋时的阇婆，其富盛甚于三佛齐，也是与宋朝在南洋通商的重要口岸。由广州出发，通常可顺风直航；由阇婆来航，则一般经由渤泥、三佛齐中转。北宋初期，福建建溪人“主舶大商毛旭”，曾数往来于这条南洋航路上。后来，阇婆为加强与宋交往，就借助毛旭

“响导来朝贡”(《宋史·阇婆传》)。渤泥国也久慕华夏文明，意欲通好，但不识航线，“无路得到”，其时适逢北宋商人蒲芦歇在驶向阇婆途中“遇猛风，破其船”，而漂至渤泥海口，于是，“闻自中国来，国人皆大喜，即造舶船，令蒲卢歇导达入朝贡”(《宋史·列传》卷二四八)。同时，渤泥国王向打还遣使携带国书入宋，表示愿意派船“每年修贡”，但“虑风吹至占城界，望皇帝诏占城”，凡“有向打船到，不要留”(《宋史·列传》卷二四八)。

由于宋商与海外之贸易额相当庞大，使中国铜币大量外流，以致在国内造成“物贵而钱少”的“钱荒”，影响了正常流通。故而宋朝政府曾多次颁布禁止铜钱出口的法令，但因以钱易物是“利源孔厚”，故“趋者日众”。如阇婆因该地“胡椒萃聚，商船利倍蓰之获，往往冒禁，潜载铜钱博换。朝廷屡行禁止兴贩，番商诡计，易其名曰苏吉丹”(宋·赵汝适:《诸蕃志》)。宋朝时期朝廷对阇婆民间航运贸易之盛势，由此可见一斑。

三、广州(或泉州)—兰里—故临航路

《岭外代答》中“故临”条说,“广舶四十日到兰里，住冬,次年再发舶,约一月始达其国”。《诸蕃志》中“故临”条也说，“泉舶四十余日到兰里，住冬至次年再发，

一月始达”。

兰里，位于苏门答腊岛西北端班达亚齐，扼孟加拉湾与马六甲水道之交口，地当太平洋与印度洋之航行要冲，是东西方船必经的咽喉区域。兰里的西面，水域开阔，“大波如山，动荡日月，望洋之际，疑若无地”；而近岸海中，“有山甚高大，曰帽山”“西来洋船俱望此山为准”（《明史》卷三二五），导航目标极为清晰。同时，该地还盛产苏木、象牙、白锡、长白藤之类，本身即为重要的贸易口岸，故宋代舶商前往印度洋，无不先期至此住冬博易，再待扬帆续航。而在返归途中，也都将此作为寄泊交易场所。至于故临国，在宋朝时期则更是中外海船云帆汇集、商使交属之处。该国不但物产丰富，有椰子、苏木等博易商品，而且位于印度半岛西南部著名的马拉巴贸易海岸，故东西方船主莫不择此歇泊补给、换乘适航海舶继续航行。

四、广州（或泉州）—兰里—故临—大食航路

《岭外代答》中说，“中国舶商欲往大食，必自故临易小舟而往”；而“大食国之来也，以小舟运而南行，至故临国易大舟而东行”。

大食是中古时代阿拉伯“诸国之总名”。周去非在《岭外代答》中曾说，“诸蕃国之富盛多宝货者，莫如大食国”；赵汝适在《诸蕃志》中也说，“其国雄

壮，其地广袤。民俗侈丽，甲于诸蕃”。大食与宋代的航运交往早在唐朝时期就非常兴盛。至北宋中期，西夏政权崛起，扼居河西走廊，使东西亚之间的陆上丝绸之路为之受阻。因此，宋廷规定，大食必须“自广州路入贡，更不得于西蕃出入”，海上航路成了宋朝与大食诸国交往的唯一纽带。当时，北宋与阿拉伯世界的海上交通，一般经由兰里与故临中转，这一方面是由于上述两地航运地位之显要，另一方面也是当时东西航行工具的远洋适航性不同所致。宋朝的大中型海船，载重量大、吃水深，在西太平洋与孟加拉湾的开阔洋面上航行颇宜，但在抵达故临后，如欲在阿拉伯海与波斯湾做沿岸逐港航行，则不够灵便，因此“必自故临易小舟而往”。这里的“小舟”，主要指阿拉伯海区惯用的三角帆小船。它们的操纵性能较好、吃水浅，适于深入港湾河流，但由于结构单薄、抗风浪力弱，因此,如欲越过印度半岛远航东南亚与宋朝,则大抵“至故临国易大舟而东行”。当然，这里的“大舟”，主要即为宋代的大中型远洋海船。

五、广州（或泉州）—兰里—麻离拔航路

《岭外代答》中“大食国”条说，“有麻离拔国，广州自中冬以后发船，乘北风行，约四十日到地名兰里。……住至次冬，再乘东北风，六十日顺风，方到

周去非像

此国”。《诸蕃志》中“大食国”条也说,“自泉发船,四十余日至兰里。博易住冬,次年再发,顺风六十余日方至其国”。

麻离拔又称大食麻罗拔,是宋朝时期阿拉伯诸国中的魁首。周去非曾说,大食“有国千余所,知名者特数耳”,排在首位的即为“麻离拔国”(周去非:《岭外代答》卷三,《大食国》)。该国地处阿拉伯半岛南部的卡马尔湾头,是中世纪亚丁兴起以前印度洋上“巨舶富商皆聚”的最大港口之一。其地不但“产乳香、龙涎、真珠、琉璃、犀角、象牙、珊瑚、木香、没药、血竭、阿魏、苏合油、没食子、蔷薇水等货”,而且水陆交通线路畅达,几乎遍及整个阿拉伯地区,东非、北非、西亚、阿拉伯半岛上的“大食诸国至此博易”。故而,这个大食诸国对外贸易的总窗口,很自然地成为宋代舶商直航阿拉伯世界的第一站,被称为“阿拉伯马赫拉”。宋代远洋船舶,每年十一月或十二月乘东北风出发,经 40 天到兰里住冬博易,然后在次年再乘同一冬季的东北风续航,经过连续 60 天的航行,横渡北印度洋水域抵达麻离拔，其远离海岸的直航跨度已长达 2500 海里，充分展示了宋代的远洋航行水平已发展到一个新的历史高度。

六、广州（或泉州）—兰里—东非航线

中国远洋航船早在唐代就已到过东非，这从贾耽的“广州通夷海道”以及东非出土的唐代文物、钱币等即可取得明证。到了宋朝，与东非的海上交往更趋频繁。东非海岸盛产的象牙与香药，对于宋代舶商具有极大的吸引力。据阿拉伯地理学家伊德里西的《旅游见闻》介绍，在 12 世纪时，“中国人遇国内骚乱，或者由于印度局势动荡，战乱不止，影响商业来往，便转到桑奈建及其所属岛屿进行贸易”。伊德里西所提到的“桑奈建”，泛指“黑人群岛”，其范围很广，几乎包括从今瓜达富伊角至莫桑比克一带漫长的东非海岸及其附近岛屿。从考古资料看，东非海岸也留下了丰富的宋代文物。据日本考古学家三上次男在调查中国海上陶瓷之路时所提供的实地考察报告称，“从亚丁湾的索马里出发，绕过被称为非洲之角的瓜达富伊角，沿着面临印度洋的海岸，顺着索马里、肯尼亚、坦桑尼亚南下，你就会发现在这一带海岸与岛屿出土的中国陶瓷遗址实在是多得惊人。其中有坦桑尼亚海中的桑给巴尔岛和巨大的马达加斯加岛”。在被发掘的文物中，有许多

是宋代浙江越窑瓷、龙泉窑青瓷，江西景德镇的青白瓷及以福建德化窑为首的闽、粤地区的白瓷。三上次男在综论世界交通大势后认为，“自从 8、9 世纪之后，海上交通航路成了东西贸易的主要路线”“把大量中国陶瓷普及到西方世界的主要还是依靠海上交通”“到了 11、12 世纪，中国已经能够造出可以运载数百人甚至上千人的大船，并将罗盘用到航海方面了”，因此，“海上交通的发达使得沉重易损的陶瓷器的出口变得比过去更加容易了”（三上次男 :《陶瓷之路》）。

此外，非洲东岸也发现了大量宋钱。如摩加迪沙和布拉瓦出土了自北宋咸平（998—1003）至南宋年间的铜币；1944 年在桑给巴尔岛东南卡金瓦的钱窖中，发现北宋铜币 108 枚；在肯尼亚和坦桑尼亚沿海发现的 19 世纪以前的 506 枚外币中，属于中国的达 249 枚以上，而且多半为 13 世纪以前的宋币；在基尔瓦，也发现了北宋淳化（990—994）通宝一枚、熙宁（1068—1077）通宝 4 枚、政和（1111—1117）通宝一枚。鉴于 13 世纪以前，阿拉伯商人在东非贸易时大都以姆潘得贝壳作为支付手段，因此，东非海岸所发现的众多宋代铜钱，无疑是其时宋代帆船在那里进行直接交易的遗存。可以认为《岭外代答》中关于“昆仑层期国”以及《诸蕃志》中关于“弼琶罗”“中理”“层拔”“昆仑层期”诸国的记载，也正是作者根据宋代舶商远航东非的见闻所录。

宋船驶往东非的航路，一般来说，也应是经由兰里中转的。根据北印度洋的气象与水文态势以及当时的航行技术水平，大概有如下三种可能：

一是从兰里出发，先到麻离拔，然后在东北季风收尾时节，走阿拉伯海员的惯行航线，越过亚丁湾，趁南向的东非沿岸流，航达索马里—桑给巴尔海岸一带。

二是从兰里先抵故临，再乘东北风与西南向的东北季风流，循西南向直航东非海岸。

三是从兰里经马尔代夫群岛，横渡北印度洋，驶达东非海岸。

至于宋船在西南季风期间内从东非返航归国的航路，一般也应有两种走法。第一种是按阿拉伯人的传统航法，在八月之后先扬帆沿东非海岸北上，越过亚丁湾，到达阿拉伯半岛；再乘当年的东北季风，在冬季驶往印度半岛南部；然后等到次年西南季风盛行，再续返广州（或泉州）。取此航线返航的宋船，应是惯行兰里—故临一线。易小舟去大食诸国经商的海船，即使全程历时二载，回国后被责以重课，也可从沿途捎买的多方获利中抽成抵偿。而对于以两地直接贸易为宗旨的大中型快速宋船来说，为了在年内返回，一般宜取第二种走法，即在六月初西南季风始起时，由东非经马尔代夫群岛，横渡印度洋，直航兰里。此段航路约在赤道与北纬5°间，海况极佳，晴空如洗，视野清晰，风向在西与南之间，东向的季风流与赤道逆流稳定，宋船东返基本上顺风顺水，且有马尔代夫群岛作为停靠补给与修理的中继站，航行殊为安全与便捷，航期仅需40天左右。宋船到达兰里后，又可在同一西南季风期间，再经40天左右的航行，在当年九月前回到国内。

七、横渡印度洋航路开辟的历史意义

宋人所经营的阿拉伯与东非航路，在远洋航行性质上具有重大的开拓意义，它是宋代航运事业臻至鼎盛的主要标志之一。中国人早在汉代已通过马六甲海峡进入印度洋，并迟至唐代，就航达阿拉伯与东非海岸。但是，这些远洋活动的性质，基本上都是沿岸近海，逐级渐进、积而致远的，其每一单元航次的航程近、航期短，海上跨度相对较短，充其量不过是大洋的某些边缘海或海湾，因而对所途航区气象水文之优劣，后勤补给之速迟，要求比较宽松，万一在航行中发生危机，即可及时驶回陆岸，修整回避。而到宋代后，海船不仅可以直接跨越诸如东海、黄海、暹罗湾、孟加拉湾之类较小的海区，而且可以横渡北印度洋，从东南亚直航西亚与东非海岸。这些远洋活动的性质，与汉唐时期相比，已迥然相异，其特点是远离陆岸、越洋跃进、直航致远，其每一单元航次的航程远、航期长，海上跨度相当大，已是大洋腹域，因而对所途航区气象水文之优劣，后勤补给之速迟，要求极为严格，一旦航行中出现困境，都必须独立地在深海大洋中寻求缓解的对策。所以，横渡印度洋航路的开辟，充分反映了宋人对沿途天文、地文、水文和气象的熟悉与掌握的程度。此外，在各种天气下的导航与船艺技术等，也比之前有了革命性的重大进步。这不但在中国古代航运史上具有划时代的意义，而且在世界古代航运史上，也是彪炳千秋的一页（参见孙光圻：《中国航海历史的鼎盛时期》）。

宋代中缅、中日之间的交流

一、中缅之间的交流

进入 10—11 世纪，对于中缅两国来说都是十分重要的历史转折时期。阿奴律陀王在缅甸历史上第一次统一了缅甸，建立了以蒲甘为中心的缅甸第一个封建王朝——蒲甘王朝。蒲甘王朝的政治、经济、外交，奠定了缅甸封建社会的基础，对缅甸历史的发展有着深远的影响。而此时的中国，宋王朝刚刚建立，结束了五代十国的混乱局面，海外贸易的发展极大地促进了经济和文化的繁荣，宋朝国力日趋强盛。

蒲甘遗址

宋朝时期，中缅两国的交往已经非常普遍。缅甸著名作家佐基（1908—1990）的短篇小说《蒲甘集市》形象而生动地反映了当时中缅两国之间的贸易与文化交往。短篇小说中写到，中缅两国商人在缅甸蒲甘集市上互相嘲笑，惊动了蒲甘国王，国王下令宣诏中国商人领队，命其将一封信交给中国国王，信中要求两国比试才智。不久，中国商人同一名中国朝廷的使臣来到蒲甘，向缅甸国王递交了中国皇帝的书信。信中说："得悉陛下愿与敝国比试才智，不胜荣幸。兹谨向陛下献上'无者实则有也，有者实则无也'一题。若贵国能解答此题，朕将确认贵国幅员虽小，实者强大无比也。"要求缅甸7天之内给出答案。缅甸国王收到中国皇帝的信以后，宣诏宫廷学者御前计议，一连过了5天，没有结果，缅甸国王心中着急万分。第七天，蒲甘集市上，有一个青年说自己能够回答这个问题，国王大喜，忙召进宫内。青年安排画家、雕刻家和木匠忙碌一天，建造了一座彩楼，并向国王禀报有了答案。国王心中大悦，急忙传召中国使臣到彩楼看答案。青年把楼门打开，只见楼里摆着两个台子，台子上有帷幔蒙着两间房子。一个帷幔上写道“无者实则有也”，另一个帷幔上写道“有者实则无也”。写着“无者实则有也”的帷幔揭开以后，出现 3 幅穷人愉快劳动的图画。写着“有者实则无也”的帷幔揭开以后出现了一个面前摆着山珍海味、侍女成群的阔少的雕像。中国使臣一看，频频点头称赞，对蒲甘青年人说：“年轻人，你答得太好了！”这篇短篇小说生动地反映了宋朝时中缅两国的文化交往和贸易往来的频繁与热闹景象（详见王介南、王全珍：《中缅友好两千年》，德宏民族出版社 1996 年版）。

宋朝时，中缅两国之间彼此尊重，官方交往频繁。比较大的官方交往有两次。第一次是在北宋与蒲甘江喜陀王时期，第二次是在南宋与蒲甘阿朗悉都时期。宋徽宗崇宁五年（1106），缅甸蒲甘王朝首次遣使入宋。宋朝决定按照大食和交趾来使的礼节接待缅甸蒲甘来使。据《宋史·外国传五·蒲甘》记载：“蒲甘国，崇宁五年（1106）遣使入贡，诏礼秩视注辇。尚书省言：‘注辇役属三佛齐，故熙宁中敕书以大背纸，缄以匣襆，今蒲甘乃大国，王不可下视附庸小国。欲如大食（阿拉伯）、交趾（越南）诸国礼，凡制诏并书以白背金花绫纸，用锦绢夹襆缄封以往。’从之。”宋朝对缅甸蒲甘来使的接待规格，说明了蒲甘国的实力与地位，说明缅甸当时已经成为东南亚地区的一个不可小视的国家，同时也说明了宋朝与缅甸友好的外交关系。

宋朝与缅甸蒲甘国有据可查的第二次官方交往是在1136年。是年，缅甸蒲甘阿朗悉都王遣使向南宋进贡。据载："南宋高宗绍兴六年（1136）七月二十七日，大理、蒲甘国表贡方物。是日，诏：大理、蒲甘国所进元（方）物，除更不收受外，余令广西经略司差人押赴行在（南宋都城临安，今杭州）。其回赐，令本路转运提刑司于应管钱内取拨付，本司依自来体例计价，优与回赐，内章表等先次入递投进，令学士院降敕书回答。"（徐松：《宋会要辑稿·番夷七》，引自余定邦、黄重言《中国古籍中有关缅甸资辑汇编》上册，中华书局2002年版）龚鼎臣在《东原录》中详细记载了蒲甘国此次进贡的方物："蒲甘国遣使记莱摩诃菩进表两匣及金藤织两个，并系大理国封号、金银书《金刚经》三卷、金书《大威德经》三卷。"

宋朝时，缅甸蒲甘国不但与宋朝友好交往，而且与云南大理地方政权南诏国关系密切。据缅甸历史巨著《琉璃宫史》第一卷记载，蒲甘阿奴律陀王是一位虔诚的佛教徒，他崇信小乘佛教，为了弘扬佛教，他亲自率领其子江喜陀王和鄂推尤、鄂隆赖佩、良吴毕、瑞品兄弟以及蒲甘全国的象军与马军官兵分水陆两路向云南进发，到大理南诏国求取佛牙，以供蒲甘的百姓朝拜，受到大理南诏国国王的厚礼接待。逗留 3 个多月，没有获得佛牙，但是离开南诏时，南诏国王段思廉赠送阿奴律陀王一尊碧玉佛像。阿奴律陀王带回蒲甘以后，将南诏国王赠送的碧玉佛像供奉在皇宫中，每日顶礼膜拜。这是宋朝时期中缅两国的佛教交往，也是中国文化对缅甸文化发生影响的见证。另据《南诏野史·段正淳传》记载，宋徽宗崇宁二年（1103），"缅人（今缅甸蒲甘）、波斯（今缅甸勃生）、昆仑（今缅甸萨尔温江入海口莫塔马、毛淡棉一带）三国进白象及香物。政和五年（1115），缅人进金花、犀象"。《南诏野史·段正严传》中也记载："政和五年（1115）蒲甘国进金花犀象于大理国。"这说明缅甸蒲甘国阿奴律陀王以后的江喜陀王时期以及阿朗悉都王时期均遣使向中国云南大理南诏政权进贡方物。

缅甸仰光大学历史系教授、系主任觉岱博士在其撰写的《缅甸联邦历史》一书中说："缅人在进入缅甸内陆以前，在南诏文化的影响下，发生了很大的变化。在南诏统治时期，缅人学会了很多技术。学会了用桑树木制作弓，学会了饲养马匹，骑马的技术变得娴熟。

此外，缅人还从南诏学会了其他的生活技术。比如淘金技术、制盐技术、开采琥珀技术等。在山坡上种植梯田的技术也是从南诏那里学会的。还学会了引水灌溉技术以及在平原地区利用河水修建灌溉网的技术。”另据《诸蕃志》记载，缅甸“其国多马，不鞍而骑”。中国大理盛产好马良驹，缅甸北部的钦族称马为“缅人的动物”或者“外国的动物”，因此，缅甸的马也肯定是在缅人迁徙过程中从中国大理引进的（觉岱 :《缅甸联邦历史》，可缅出版社 1966 年版）。

蒲甘是缅甸蒲甘王朝的首都，是缅甸古代政治、经济和文化的中心，也是缅甸佛教中心。蒲甘城内佛塔林立，据缅甸考古局统计，在方圆 16 平方英里（约 41 平方公里）的土地上，“牛车之声响不断，蒲甘佛塔数不完”“手指指处皆佛塔”，总计有 4446 座佛塔。经过 1000 多年的风化、地震和洪水的破坏，部分佛塔已经消失。1968 年，缅甸政府考古局对蒲甘佛塔进行重新统计，确认当时现存佛塔有 2217 座，平均每平方公里 54 座，堪称世界之最，蒲甘也因此被称为“万塔之城”。蒲甘佛塔千姿百态，形状各异，塔内外到处都是雕塑和壁画，琳琅满目，比比皆是，栩栩如生，是“缅甸文化和艺术的宝库”。在这些千姿百态的佛塔建筑中，既有印度佛塔风格，也有印缅结合的佛塔风姿，还有完全缅甸化了的佛塔风貌，同时也有中国佛塔建筑艺

瑞喜宫佛塔

术和佛像雕塑影响的痕迹。据缅甸考古学家杜生诰的考证，缅甸 11 世纪建造的佛塔和雕塑的佛像明显受到中国佛教的影响，在悉塔那佛塔和瑞珊陶佛塔中均发现有中国佛教徒喜欢供奉的弥勒佛像。那些蒲甘佛塔的建筑风格和我国的一些宗教建筑的建筑风格相似。比如瑞喜宫佛塔和瑞陶辛佛塔的建筑结构、形状与我国北京的一些佛教塔院外形比较相似。此外，缅甸佛塔和寺庙大门外都有两个巨大的石狮子、佛塔建筑中常见的辐射拱门、多层飞檐楼阁等都与中国的佛教建筑艺术相接近，说明这些建筑应该是受到了中国文化的影响。缅甸蒲甘佛塔中的大量壁画是研究蒲甘文化的宝贵资料，很多壁画从风格和笔调上都酷似我国唐宋的作品，尤其是缅甸蒲甘优波离戒坛中的壁画，其鲜明的轮廓和突出的线条都证明了这一点。缅甸蒲甘佛塔中的大量壁画是研究蒲甘文化的宝贵资料，很多壁画从风格和笔调上看酷似我国唐宋的作品，尤其是缅甸蒲甘优波离戒坛中的壁画，其鲜明的轮廓和突出的线条都证明了中国绘画对缅甸绘画的影响。

根据史书记载，宋朝时期缅甸不论与宋朝中央政府还是同云南大理的南诏地方政权，都不仅有政治上的外交往来，也有密切的商贸关系和文化交流。政治上和经济上的关系无疑促进了文化交流，加深了中缅两国的相互了解和友谊。宋朝时期，人们对蒲甘有了一定的了解。据周去非《岭外代答》卷二“蒲甘”条记载:“蒲甘国，自大理国五程至其国。……蒲甘国王、官员皆戴金冠，状如犀角。有马不鞍而骑。王居以锡为瓦，以金银裹饰屋壁。有寺数十所，僧皆黄衣。国王早朝，其官僚各持花献王。僧作梵语祝寿，以花戴王首，余花归寺供佛。”另据赵汝适《诸蕃志·蒲甘国》记载：“蒲甘国，官民皆撮髻于额，以帛系之，但地主别以金冠。其国多马，不鞍而骑。其俗奉佛尤谨，僧皆衣黄。”

二、中日文化交流

宋代，特别是南宋时期，是中日文化交流的第三次高潮时期。

唐哀帝天祐四年（907）唐朝灭亡后，中国北部相继兴废的有后梁、后唐、后晋、后汉、后周5个朝代；中国南部及北部的山西与中国北部在同一时期先后建立有吴、吴越、南唐、闽、南汉、楚、南平、前蜀、后蜀、北汉10个政权，史称“五代十国”。五代后期，统一趋势出现，宋太祖建隆元年（960）宋朝取代后周，太平兴国四年（979）宋灭北汉，五代十国最终结束。这一时期，日本正处于古代政治、经济转折期，律令制、班田制逐渐被破坏、废弃，摄关政治体制确立，庄园制开始形成,也发生了如“平将门之乱”“藤原纯友之乱”等一系列严重的叛乱事件。因此，五代十国时，中日之间的交流已不可与隋唐时期同日而语。

但在五代十国时期，中日双方通过民间商人、佛教僧人的来往，联系仍一如既往，“商船的往来意外地频繁”“这些往来的船只，全是中国船，日本船一只也没有。而中国船中，几乎又都是吴越的船只”（中村新太郎 :《日中两千年》，吉林人民出版社1980年版）。在此期间，往来贸易的中国商人常常兼任中日两方的信使。从吴越清泰三年（936）起，吴越王就曾数次委托商人带信件、礼品给日政府官员，日本政府官员也常托中国商人带复函和土特产回国，中国商人的确发挥了特殊的作用。而到中国来的日本僧人、学者更充当了外交使节和文化使者的重要角色。中国商人和日本僧人在商品物资交换、书籍往来、建筑雕刻、佛教经疏和思想交流、工艺美术、文学艺术等方面的中日文化交流中，作出了很大贡献。

五代十国时期，虽然日本采取闭关政策，禁止日本人出国贸易,但仍欢迎中国商船。虽然中国分裂割据，但江南在几十年间还基本稳定，所以由商人、僧人保持和延续了中日两国友好往来的传统关系，在政治、经济和文化各方面都还进行了广泛的交流。进入宋代，各种条件变得更好，则迎来了又一次中日文化交流的高潮。

宋太祖建隆元年（960)，中国北宋王朝开始，并统一了中国大部，经济、文化均有新的发展，国内外的商业贸易十分活跃。日本此时，庄园领主势力大增，中央统治力衰弱，朝廷的闭关政策名存实亡，贵族及新兴武士首领积极谋求对外开展经济贸易以获取更大利益。中日双方一拍即合，两国间商船的往返日趋频繁和活跃。据日本不完全统计，在太平兴国三年（978）至政和六年（1116）间，北宋渡日商船达70次，失于记载的肯定还有不少。北宋商船频频东渡，揭开了中日经济交流史上民间对日贸易的新高潮。北宋商船赴日次数，平均约为两年一次，其规模和频繁程度，均远远超过隋唐五代时期，在中日经济交流史和文化交流史上，都是前所未有的。

高宗建炎元年（1127）至帝昺祥兴二年（1279）是中国的南宋时期，亦是日本平安时代末期和日本第一个武家当政的镰仓幕府时期。日本1167年平氏执政，特别是平清盛任太政大臣左右日本政局时期，对中日往来有极大的兴趣和热情。他修筑大轮田泊（兵库港，现神户港），疏通濑户内海航道，积极开展对南宋的贸易，并废除了禁止日本人出海贸易的闭关政策，使日船入宋“舳舻相衔”。南宋乾道六年（1170），平清盛请后白河天皇到摄津福原自己的别庄住所接见南宋商人。这是日本停派遣唐使后从未有过的事。平氏亦大造舆论，扩大对宋交往的声势，日宋通交十分兴盛，宋代文化亦大量输出到日本。中国的千卷历史文献巨著、百科全书《太平御览》，由日商在宋购买后进献给平清盛，再经他之手呈献给安德天皇，成为皇室和贵族的必读之书。平清盛对禅宗传

源赖朝像

入日本和宋钱在日流通均起到积极的作用。他不仅发展了日本的民族经济和对外贸易，自己也成为拥有“扬州之金、荆门之珠、吴郡之绫、蜀江之锦、七珍八宝，无所不有”的巨富（赵建民：《武家政权的开创者——平清盛》,转引《平家物语》之句,载《日本历史人物传·古代中世篇》，黑龙江人民出版社 1984 年版）。1192 年源氏打败平氏，由源赖朝建立起日本第一个武家政权镰仓幕府。幕府继续与南宋进行密切交往，并经常接见南宋商人。第三代幕府将军源实朝在嘉定九年（1216）密令建造大船,嘉定十年（1217）大船造成后，他还亲自指挥数百人拖拉大船入水，并准备乘此大船来中国访问，只因海岸水浅，大船不能航行才被迫停止。此事成为中日交往中的一段“离奇”的佳话。

宋代形成继隋唐之后的又一次中日文化交流的高潮，不仅主要反映在两国积极开展贸易，商人往来频繁，而且反映在双方的僧侣互相往来方面。两宋时期，特别是南宋时期，是中日佛教交流史上值得大书一笔的时期，其交流之人数、规模、作用及影响等各个方面，均呈现出继隋唐之后的又一盛况。

在北宋 160 多年间，来宋的日本求法僧人并不多，在史籍上留有记载的虽仅有 22 人，但有如奝（音刁）然、寂照、成寻等著名僧人，且对促进中日佛教文化发展作出了巨大贡献。北宋太平兴国八年（983）入宋的奝然为日本第一位来宋僧人，在华 4 年，遍访五台山、天台山等佛教圣地名寺，曾进谒宋太宗，进献日本铜器 10 余件、《孝经郑氏注》一卷、越王《孝经新义》第 15 卷、《王年代记》《职员令》各一卷等书籍。以书（笔答）对答太宗所问，详细介绍日本状况，使太宗大发感慨，并“存抚之甚厚”，赐三品以上才准穿戴的紫衣袍，敕其“法济大师”号。返日时，带回了太宗所赐新刻本大藏经 5000 卷（现今日本京都、奈良等各大寺院中收藏的宋版《大藏经》达十多部，均为此后陆续传入日本的）、新译经 286 卷和旃（音沾）檀释迦佛像及一幅 16 罗汉画等。回日后住东大寺，两年后任该寺总掌寺务的东大寺“别当”，著有《入唐记》《在唐记》。他于 988 年派其弟子嘉因等来华，并带来珍贵礼物进献，计有青木函佛经、念珠、螺钿书案、书几，泥障日本画屏风一对、蝙蝠扇二枚、日本刀及日本著名书法家腾原佐理的手书二卷等十多种。之所以较详细地写下奝然入宋情况，是欲以其为典型代表，其人其事也确实是宋代中日文化交流的缩影。《宋史 · 日本传》用 4/5 的篇幅、1000 多字详细记载了奝然入宋、被召见、献礼物、笔答宋太宗问、太宗赐紫衣、发感慨及派弟子献书信、献礼品等情况，这在中国官修正史中是绝无仅有的（《宋史 · 日本传》，其注释说明详尽者，当属汪向荣、夏应元编《中日关系史资料汇编》，中华书局 1984 年版）。

日本天台宗名僧寂照于 1004 年率僧人 7 人朝见宋真宗，真宗赐寂照“圆通大师”号，并赐紫衣袍。寂照曾被宋任命为苏州僧录司。在宋期间，他积极进行广泛的文化交流，深得宋朝僧俗官民的敬重。据说他在宋 30 年，圆寂于杭州。

成寻率弟子 7 人于神宗熙宁五年（1072）入宋，朝拜过天台山、五台山等名山圣迹后到宋都洛阳，被宋神宗召见，赐予紫衣并大量绢帛。他在天台山、五台山修行，让弟子先回日本，神宗托成寻弟子带亲笔信给日本朝廷，还随信赠日本《法华经》和锦（蚕丝纺织而成的丝织品）20 匹等。成寻与北宋皇帝笔谈，才有神宗托带亲笔信给日本天皇之事，这也是中日文化交流中史无前例之美谈。成寻在宋 9 年后圆寂于洛阳开宝寺，有《参天台五台山记》纪行体日记传世。宋神宗年间，多次主动与日朝廷联系，甚至破天荒写亲笔信函，而日本朝廷却被动拖延，虽亦能经过长达两三年讨论后，给了复函和回赠大量礼物，但始终未派正式使团来宋，故中日两国关系未能突破性地发展为建立正式邦交。

南宋时期，新兴的日本镰仓幕府武士政权与南宋通好，商船往来十分频繁，入宋日僧很多，仅知名日僧即达 120 多人，还有多次往来的日僧。赴日的宋僧亦超过10人，且发挥作用很大。日僧入宋习禅形成热潮，中国禅僧亦抱“游行化导”之志赴日。日僧中最著名的有荣西、道元等人。

荣西像

南宋乾道四年（1168）四月，荣西乘商船来宋，参拜天台山、阿育王山后，又携带天台宗新章疏30部60多卷返日。从此长期潜心研究密宗，开创“叶上派”密法。后又决心探究禅宗奥秘，再次于淳熙十四年（1187）入宋，跟随临济宗黄龙派八世法孙虚庵怀敞学习禅法累年，继承了临济宗的传法，受菩萨戒，接受了袈裟以为法信，又得受临济宗53代传承图。绍熙二年(1191)回到日本，先在九州各地建寺传布禅宗，后在镰仓、京都弘传禅宗。1206年被任为奈良东大寺之“大劝进”，后又被朝廷任命为权僧正。荣西入宋时，宋孝宗赐号“千光法师”，回日后接受幕府首任将军源赖朝之妻北条政子和其子二代将军源赖家皈依，并建镰仓寿福寺、京都建仁寺，将中国建筑风格带到了日本。他是日本禅宗临济宗创始人，著有《兴禅护国论》《出家大纲》《日本佛法中兴愿文》《斋戒劝进文》《吃茶养生记》等。特别是他将由宋带回日本的茶籽培育成茶树，并不断扩展茶园。他的《吃茶养生记》是用日文和汉文写作的，是日本最早的关于茶叶、饮茶的专著，荣西亦被称为“日本茶祖”。这对传布中国茶文化，在日本兴起饮茶之风有很大推动作用。

道元曾于南宋嘉定十年（1217）投建仁寺荣西门下学禅法，第二年荣西逝世，道元遂成为荣西门下明全的弟子，学修禅法 9 年。嘉定十六年（1223）随明全入宋求法。宝庆元年（1225）明全逝世，道元随明州（宁波）天童寺住持如净学曹洞宗，二年后回国时，如净赠他曹洞宗前代祖师芙蓉道楷传下的法衣，又赠如净自题赞辞的肖像及洞上良价著《宝镜三昧》《五位显诀》各一卷。归国后在建仁寺及安养院讲参禅、坐禅方法、意义，传授禅法，逐渐成为名僧。他是日本曹洞宗创始人，受到了后嵯峨天皇的信敬，天皇曾派人赐道元紫衣。他的著作有《普劝坐禅仪》《护国正法义》《辨道话》《学道用心集》（1 卷）、《永平清规》（2 卷）、《正法眼藏》（95 卷）、《宝庆记》（1 卷）、《伞松道咏集》（和歌，1 卷）等。日本曹洞宗是日本禅宗三大派之一，在日本传布颇广。

总之，两宋时期的中日文化交流，确实与隋唐时代不同。但“双方的僧侣、商人互相往来，形成继唐之后的另一个文化交流的高潮”（夏应元 :《相互影响两千年的中日文化交流》，载周一良主编《中外文化交流史》)，确实是颇有见地、令人信服的正确结论。

宋代中日文化交流，中国文明处于强势地位，在各领域均高于日本，故处于弱势地位的日本以全方位向中国学习为主流。在社会经济方面，特别是南宋时期，大量中国铜钱通过贸易流向日本，使宋代铜钱成为日本市场上最坚挺的硬通货，并在日本广泛流通。尤其引人注目的是中日禅僧的交往和宋学传入日本及其巨大而深远的影响。南宋宁宗时，于禅寺中定五山即五大名寺（径山、灵隐、天童、净兹、育王），又于五山之外的禅林中再定十刹（中竺、道场、蒋山、万寿、雪窦、江心、雪峰、双林、虎丘、国清）。这时，禅宗已在中国佛教中勃然兴起，日本僧人纷纷入宋学禅。“在13世纪中期，中日两国禅僧的交往，达到了历史的高潮，出现了继唐代日本向中国派遣留学生、学问僧之后，两国文化交流的又一个新局面。”在13世纪中日禅僧的交往中，于宋学传入日本有关而最可注意者，应推俊芿、园尔辨园、兰溪道隆、兀庵普宁、大休正念、子元祖元、一山一宁等人。日本首次刊刻朱熹的《论语集注》是在13世纪中期。总之，“从13世纪中期至15世纪末，经过许多学者的努力，日本从中国吸收了宋学，并使之日本化，成为日本的占统治地位的思想，汉文化因此而在日本成为独立的学术。这从学术思想史来说，无论在当时或现在，都是值得我们注意并研究的一件大事。”（严绍璗著 :《日本中国学史稿》，学苑出版社 2009 年版）

宋代中日文化交流，虽以日本向中国学习为主，但在某些局部，如某些生活用品、工艺品的生产水平，日本已超过中国，并因此受到了中国重视。日本不仅产品大量输入中国，而且其工艺水平之高，亦令中国刮目相看，中国开始学习日本的特长。

首先，日本保存了中国已缺失的大量中国文化典籍，这些典籍从宋代开始向中国回流。日入宋名僧奝然、寂照就带来多种中国佚书。搜寻购买及交换中国缺佚书籍几乎成为两国往来商人的一项重要使命。

其次，日本原有的生活用品及工艺品传入中国。如日本的“聚头扇”（中国后来的折扇），就在北宋时传入中国，其后，又通过贸易大量进口，并仿制之。又如软屏风，亦于北宋时传入中国，进而大量进口并颇为流行。

最后，日本将由中国传入的一些制品改进提高，制出更精美的产品返销中国，最为著名的是日本刀。“北宋四大家”之一的欧阳修写下了著名的《日本刀歌》。其中有“昆夷道远不复通，世传切玉谁能穷。宝刀近出日本国，越贾得之沧海东。鱼皮装贴香木鞘，黄白间杂鍮与铜。百金传入好事手，佩服可以禳妖凶”等名句。另外在漆器方面的泥金画漆工艺和螺钿制品等水平已高于中国，使中国也要派画工赴日学习，或仿制其产品。

纵观两宋，特别是南宋时期的中日交流，即中日文化交流的第三次高潮，凸显出以下四个新的特点：

一是两国商船频繁往来，掀起了以民间贸易为主要形式的中日经济交流史上的新高潮。而中日两国官方均通过商人、僧人进行多种形式的交往，联系是十分密切的。北宋时，往来的商船，全部是中国的；南宋时，不仅中国商船频频东渡日本，而且日本商船亦不畏“鲸渡之险，舳舻相衔”往还于两国，呈现空前的商贸盛况。

二是搭乘两国商船往来的入宋日本僧人和赴日的宋僧亦空前之多，仅确实知名的即达150多人，且有不少往还两三次者。两国僧侣的往来、交流以及所带去日本的经卷、典籍的盛况，亦是中日佛教交流史上的一大高潮。

三是宋代及以后中国文化对日本的影响主要是思想意识、伦理纲常等，而且日本学习中国文化也已不再是盲目照搬、全盘吸收，而是选择、消化后再吸取，并使其日本化。宋学的传入日本及宋学的日本化就是典型的代表。

四是日本文化对中国的逆输出和中国对日本的某些实用成果十分注意并加以由衷的称赞。如折扇、日本宝刀及工艺品等,欧阳修的《日本刀歌》就写出了“百工五种与之居，至今器玩皆精巧”“令人感激坐流涕，锈涩短刀何足云”等脍炙人口的名句。

发展南方丝路的大理王——段正严

金庸先生的《天龙八部》是著名的武侠小说，里面的段誉令人印象深刻，而段誉的原型就是大理王段正严。这个大理王段正严正是历史上的真实存在。

段正严（1083—1176），又名段和誉，是大理国的第16位皇帝，共在位39年。段正严爱民如子、勤于政事、善用贤臣，但是后来他的众多儿子为了争权夺利，先后反叛，他无奈便决定出家为僧，去世的时候已经93岁，他应该是大理国的历史上最高寿的皇帝，同时也是在位时间最长的皇帝。他打开了与宋朝建立外交关系的大门，保证了南方丝绸之路的顺畅，正因为有他，才有了西南一带近40年的和平与繁荣。

1. 大理之王

段正严像

大理由唐代南诏发展而来，比北宋早23年建国。南唐开元元年（937），通海节度使段思平在南诏国灭亡后的战乱中起兵，定都羊苴咩城（现云南大理古城），建立大理国，其地理范围大概就是今天的贵州省、云南省、四川省西南部，以及缅甸、老挝与越南的北部地区。

北宋建隆元年（960），赵匡胤黄袍加身，建立宋朝，派兵消灭了后蜀政权，这才使得云南可以顺利进入内地。大理国为和宋朝结交，就派人去宋朝表达友好之意。但是宋朝对大理有戒备之心，态度一直不明确。据说平定后蜀后，赵匡胤直接拿玉斧在地图上划了一下大渡河，说“大渡河之外非我国界”，因此，“云南三百年不通中国，段氏得以睨临爨（音同窜）、僰（音同博）以长世焉”。从此，两国以此为界，互不侵犯，形成了和平对立的局面。当时宋朝就有人评价说，此番策略使得大理国“欲寇不能，欲臣不得”，乃为“御戎之上策”。

此后的100余年里，大理国一直在这样平和的环境下雄霸西南。

北宋元丰六年（1083），段正严出生，7岁入学，喜欢舞刀弄枪，师从佛教天台宗的六铉大师以及妙澄大师。妙澄传授段正严六门妙法，“皆异术奇门”，与金庸小说中的“段家武学”很相似。

段正严的少年时光充满了险恶的政治斗争。他刚出生时，正值其伯父（保定帝段正明）在位，但却无实权，国家大局由大理望族高智升、高升泰父子掌控。北宋绍圣元年（1094），段正明禅位为僧，将政权交于高氏家族，由此大理国灭，段正严从皇族变为臣子。两年后，高升泰病逝，迫于国内各种压力，临终前嘱托儿子将政权归还于段氏，后段正严之父段正淳被拥立为帝，复建大理国。

段氏虽重掌国家政权，但有国无权，政权仍在高氏家族手中。北宋大观二年（1108），段正淳避位为僧，传位于儿子段正严。

北宋政和元年（1111），即位不久的段正严就遭遇大理国滇东乌蛮37部联合反叛，段正严令宰相高泰明前往平定。平叛后，高泰明又令其子镇守鄯阐府（现昆明），才稳定了局势。

高家功高震主，不知收敛。据记载，高智昌在其父死后与段正严喝酒，酒后失言，说现在的皇位本该是他高氏家族的，是因为其父听从其爷的话把皇位让给段正淳。段正严听后，流放了高智昌。高智昌在流放途中染病而死，他的两个手下找机会想为主报仇，结果被俘。段正严以德报怨，感念二人的忠义，未将二人定罪，赦免了他们。后二人自尽，段正严还给他们建了义士冢，予以安葬。

段正严在位时，是位仁慈的君主，深谙百姓疾苦，减轻徭役赋税。据史料记载，段正严“勤于政事”“爱民用贤，思揽政权”“故远方慕之，悉来贡献”(《滇考校注》，云南民族出版社 2002 年版)。

2. 发展南方丝路

段正严在外交方面表现出了属于君王的政治智慧，不仅在内政上勤勉清明，而且很重视外交，积极进取，颇有作为。当时的北宋经济繁荣，国力昌盛，但是战乱不断，周边局势不稳，要打仗就需要大量的战马。北宋的北面是敌国金、辽、西夏，只有西南地区相对稳定。大理国最初就没有与北宋为敌，甚至还有进一步友好往来的意愿，到段正严时期同样如此。所以当时大理与北宋之间，虽朝廷之间没有建立正式外交，民间来往却十分密切，而这也是之后南方丝绸之路繁荣的基础，为沟通中原与现在的印度、缅甸等东南亚国家的交往之路搭起了桥梁，创造了条件。

早在宋朝建立之初，大理就有意与宋朝联合，多次向宋要求加封、通商，无奈宋朝总是找理由拒绝。到了段正严时期，他决定不再空等，主动出击。他派出色的外交精英到宋朝寻找机会，最终找到了广州观察使黄璘，给了他诸多好处，希望他能帮忙打通与宋朝上层的关系。北宋政和五年（1115），黄璘上奏朝廷，说大理国仰慕我国，愿意以“臣”的身份与我国友好结交。宋徽宗就下诏让黄璘置局于宾州（现广西南宁宾阳），“凡有奏请，皆俟进止”。

北宋政和六年（1116），段正严再次派遣使者带着诸多贡品来到宋朝入贡。次年二月，大理使团抵达京师，献上了贡品和乐舞。宋徽宗很乐意地接受了。使团将段正严的国书呈于宋徽宗，国书言辞恳切，表明期望与宋朝保持和平、通贡经商，以及希望受到册封的愿望。宋徽宗就封其为金紫光禄大夫、检校司空、云南节度使、上柱国、大理国王。

在热闹无限的北宋汴梁度过了两个月，大理使团充分体会到了大都市的繁华，不但有“船舻相衔，千里不绝”的热闹场面，更有“万花争出粉墙，细柳斜笼绮陌”（宋·孟元老：《东京梦华录》卷六）的景象。

北宋政和七年（1117）四月十二日，使团带着宋徽宗特赐的日历一册与宋朝特派使团一同返回大理，象征大理奉正朔、臣大宋。自此，两国的关系越发亲密，互通贸易日益频繁，而马匹买卖尤为频繁。

大理国重视学习宋朝文化知识，大理使臣和商人注意购买宋朝的书籍。如北宋崇宁二年（1103），大理国的使臣就入宋求“经书六十九家，药书六十二本”；南宋乾道九年（1173），大理国使臣在横山寨（现广西田东县）贸易时向宋朝提出了一长串的购买书单。

随着宋代经济、文化的繁荣和社会的稳定发展，中原王朝对大理的影响越来越大，大理的汉化程度也在不断加深。大理国的官方通用文字后来也改为了汉字，现在还有许多保存完好的大理汉文碑刻、诗文等；而且像六曹制度这种类似于唐朝六部的制度，大理也是根据中原的制度来制定的；大理还将国家的最高统治者称为皇帝，也设谥号、庙号等；大理也仿照中原的科举制，通过科举考试录用人才；设立儒学堂馆，鼓励大家学习研究儒学（参见张云等：《宋代外交思想研究》，中国社会科学出版社2012年版）。

在段正严的努力下，南方的丝绸之路得到复苏，这极大地促进了汉族和少数民族之间的交流和融合。

3. 出家为僧

段正严还是一位善琴棋书画的有才之人，史书记载他“善书荷花，喜琴，著有《玉荷诗笺》四卷，《琴谱》一卷，遗曲三首”。

大理国全国无一例外都尊崇佛教，均以出家为荣。大理国的政治制度充分体现了“以佛治国”的思想，各级官员不但要通晓佛学的义理，还要熟悉四书五经。在大理王朝 22 代国王中，先后有 10 个国王出家当了和尚，这在历史上是十分罕见的。段正严最终也和其伯父、父亲一样，禅位出家。

靖康之乱后，宋朝日渐式微，两国的关系也渐行渐远。在段正严执政末期，大理国政陷入混乱，他心力交瘁，无心管理国事，传位给儿子段正兴，自己削发出家了。此后，段正严一直在佛寺修行，法名广弘。

大理圣德元年（1176），段正严去世，享年 93 岁，庙号宪宗，谥号宣仁皇帝，史称大理宣仁帝。

段正严依据形势努力寻找与宋朝友好结交的缝隙，并最终实现了几代人寻求册封的愿望，从而促使了南方丝绸之路的畅通。这些举措保持了西南地区对中原的向心力，为日后的大一统打下坚实的基础（参见吕文利：《丝路记忆》，人民出版社 2016 年版）。

这位历史上真实存在的“段誉”，虽然少了武侠小说里的那一份风流倜傥和江湖豪情，却有着一代明君的韬略与睿智。

延伸阅读

宋代时期的泉州港与广州港

泉州港又名刺桐港。该港在唐代兴起，是当时四大海港之一。北宋初年，泉州与广州、交趾、两浙并列为“诸蕃国香药、宝货”的官方贸易场所，但其航运地位尚不及广州、明州等港。北宋中期，随着广州海外贸易的一度不景气，南海舶商纷纷移至泉州，加上它处于南海与东海各大航路交汇点，故日本与高丽的船舶也接踵而来。自北宋元祐二年（1087），朝廷在泉州设市舶司，与两浙、广南并称三路市舶司后，泉州很快成为“有蕃舶之饶，杂货山积”（《宋史·杜纯传》）的主要港城。到南宋时期，由于政治重心与贸易中心南迁，以及福建路所受兵祸甚微，使地近首都临安的泉州港的航运业得到了迅速发展，渐与历史悠久的广州大港并驾齐驱。南宋末期，“提举泉州舶司”蒲寿庚“总海舶”“擅蕃舶利者三十年”，南海及印度洋的广大亚非国家与地区的海舶云集聚至；两浙路“舶商若欲船泛外国贸易”,也“自泉州便可出洋”（吴自牧：《梦粱录》），故使泉州港的各种市舶收益高达近百万缗，约占政府国库总收入的1/50，其航运贸易地位之显要，已不言而喻。

由于泉州港在国内外舶商中享此盛誉，故港内时常舟船辐辏、帆樯鳞集。对此，阿拉伯大旅行家伊本·白图泰说：“我看到港内停有大艟克约百艘，小船多得无数。”犹太商人雅各·德安科纳说，这是一个比辛迦兰（广州）还大的港口，也是一个优良的避风港，每年有几千艘满载胡椒的巨船在此装卸，这些船舶来自阿拉伯、大印度、锡兰、小爪哇、鞑靼、犹太和法兰克等王国。而威尼斯大旅行家马可·波罗则说：“我敢言，亚历山大或他港运载胡椒一船赴诸基督教国，乃至此剌桐港者，则有船舶百余。”

为了停泊众多的国内外海船，盛期的泉州在泉州湾、安海湾、围头澳等处均辟建了港口码头，其主要靠泊船舶的口岸有：①后渚港，位于城东南10公里处，背山面海，南临晋江入海口，港区深阔且可避风浪，系天然良港。元征爪哇之役，即“三军会泉州，自后渚启行”（《元史》卷九十七）。马可·波罗伴赴波斯之行，也是由此放洋登程的。著名的泉州宋船遗存亦是在这里出土的。宋末元初，蒲寿庚还曾在此建造“望云楼”，从“望海舶”（《八闽通志》卷七十三）进出。②法石港，在后渚附近，南宋淳熙十三年（1186），为保卫泉州港，曾在“城东置法石寨，分兵守卫”；法石圣殿村真武庙，也系“宋时建，为宋郡守祭海之所”。近年来，在法石也发现了宋元古船残骸，是为该港古时开展航运活动的例证。③安海石井港，在泉州城南，“古名湾海，宋初始改为安，曰安海市。西曰新市，东曰旧市。海舶至，州遣吏榷税于此，号石井津”（清·顾祖禹:《读史方舆纪要》卷九十九）。南宋初期，改石井津为石井镇，又建长达800余丈的跨海大石桥，将安海与水头连接起来，使石井与泉州城的距离大为缩短，成为“通天下之商船”的重要外港之一。④围头澳港，面临大海，是南北海船出入泉州的必泊之地，其旁有支港，可直达石井。

泉州古港

宋元的泉州港作为一个中外闻名的世界大港，在中国古代航运史上占有极其重要的地位。泉州古港在历史上曾经焕发出来的耀目光辉，是永远不会消失的。北宋开宝四年（971），宋太祖于攻取南汉之际，即诏令在广州重建市舶司，由知州兼任市舶使，通判兼任副职即判官。其时，吴越与闽这两个地方割据政权尚存在，广州港是北宋唯一的航运贸易口岸。为使海外舶来品顺利进京，宋廷还规划了水陆联运的路线。至宋太宗与宋真宗执政时，两浙与福建地区虽已纳入治下，但广州港仍为主要航运吞吐港。由于“珍货大集”，广州地方与市舶司中某些官吏或托买蕃货、偷漏关税，或巧取豪夺渔侵舶商，导致课额亏缺，“海舶久不至”，严重干扰了广州港航运贸易的正常开展。

为了扭转这一局势，北宋政府慎选广州市舶官吏，并重奖廉洁干练之员，严惩贪赃枉法之徒，使大中祥符元年（1008）之后的广州港，又复现一派“海外舶船岁至”“犀、珠、玳瑁、诸香、奇物”源源而来的盛况。然好景不长，到北宋中期，在官吏的过分勒索与广源州侬智高及交趾统治者的武力侵扰下，广州港人心浮动，海舶罕至。到宋仁宗末年，又已“驿路荒远，室庐稀疏，往来无所庇”（宋·王安石：《虔州学记》），一片冷落萧条的景象。到宋神宗熙宁年间（1068—1077），政府采取了一系列有力措施，修固广州城池，确保居民与舶商的生计安全，同时强调市舶司职能的独立性，缓解了因王安石变法设立市易务所产生的干扰影响，致使一度海商不至的广州港再次出现“千门日照珍珠市，万瓦烟生碧玉城，山海是为中国藏，梯航尤见外夷情”（程师孟：《题共乐亭》）的繁荣局面。由此至北宋末年，广州作为“外国香货及海南客旅所聚”（李焘:《续资治通鉴长编》卷三一〇）的南方大港，一直保持着航运贸易主要口岸的地位。虽然其时广州、泉州及两浙三路市舶司并存,但“唯广最盛”（朱彧:《萍州可谈》卷二）。

南宋初年，广州仍为国内最大的港城，“收课入倍于他路”(《徐松：宋会要辑稿·职官四四》)。绍兴元年（1131），“大食人使蒲亚里所进”象牙、大犀等物，因“数目稍多”，使得广州市舶司难以支付，只能收购“起发一点”，而将另一半就地“搭息出卖”，以“给还蒲亚里本钱”，其航运贸易额之巨令人瞠目。南宋前期，政府为大量收购舶货，于绍兴三年（1133）诏令“广东市舶库钱物”专款专用，“其余官司今后并不得取拨支使”，确保了广州市舶司的经济实力与贸易信誉，从而使广州港的“大贾自占城、真腊、三佛齐、阇婆，涉海而至”，始终处于“物货浩瀚”的兴旺态势。但到南宋末年元军南下时，因广州城三经拉锯，迭遭兵祸，国内外商旅纷纷避难转徙，许多海舶也或被征作兵船，或毁于战火，故其港口凋零不振，开始落后于崛起的泉州港。

广州港是珠江入海口的河海港，港湾汊澳众多，适宜停泊舟船。据载，宋元时期广州的主要内外港口码头有：①西澳，又名南濠，在今南濠街一带，为当时最主要的内港码头。西澳系北宋景德年间（1004—1007）经略高绅所辟，“纳城中诸渠水以达于海，维舟于是者，无风涛恐，且以备火灾”（《永乐大典·残卷》）。以后，西澳码头又屡有疏浚，成为国内外舶商与货物汇聚之所。其时，“香珠犀象如山，花鸟如海，番夷辐辏”（清·屈大均:《广东新语》）。直至元末明初，该处仍是“峕峨大舶映云日，贾客千家万家室”（《广州歌》）。②东澳，又名东濠，在今清水濠街一带，古文溪即由此而出。元人陈大震曾说，“清水濠在行春门外，冗城而达诸海，古东澳也。濠长二百有四丈，阔十丈”，为广州东部的主要运盐码头。③大通港，在今花地附近，与市区隔江相对，为广州主要外港。它东通惠州、虎门，西达雷州、廉州、琼州，北连南雄、庾岭、韶州，也是西江、北江中航船入广州澳口的必经之地。南宋时，侬智高掠广州，曾在大通港停留 53 天，“不得逞而去”，是河船海舶的常用寄泊所在。④琶洲，在珠江南岸，今广州南郊琶洲村。古时该处曾是一琵琶形的小岛，距城东南 30 里许，为广州又一外港。琶洲上有琵琶山，高

20 ~ 40 米，可供海舶作为导航目标。宋时南亚注辇国遣使循海路来华，即望泊“广州之琵琶山”(《宋史·注辇传》)。同时,“闽、浙舟楫入广者”，亦“多泊于此”。⑤扶胥镇，又名古斗村，后称波萝庙，在今黄埔南岗庙头村。村西有一小山，上建南海神庙，为舶人祭海所在。因扶胥镇面临广州漏斗湾江面，岸陡水深，“自此出海，浩渺无际”(李吉甫 :《元和郡县制》)，故也为宋朝时期国内外海舶进出广州的优良外港。

纵观宋朝航运，由于中央政府基本上推行积极的航运贸易与运输政策，加上其时航运物质文明与科学技术的重大进步，因此，使得中国古代航运事业臻入并长期保持在鼎盛阶段。广大宋朝航运者艰苦卓绝的努力探索与不断奋斗，有力地推动着中国古代航运事业走向它的顶峰阶段，从而使明初出现了震惊世界的航运盛举——郑和船队下西洋。

纾解宋辽关系的科学家——沈括

沈括(1031—1095)，浙江杭州钱塘县人，字存中，号梦溪丈人，是北宋著名的科学家、政治家。仁宗年间（1023—1063）进士，神宗时曾经参加熙宁变法，后来受到王安石的赏识。沈括为官多年，在宋朝廷历任三司使、太子中允、史馆检讨、检正中书刑房、提举司天监等职。最后病逝于绍圣二年(1095),享年65岁。

沈括是我国历史上最著名的科学家之一,他精通天文、数学、物理学、化学、生物学、地理学、农学和医学。他晚年的著作《梦溪笔谈》科学研究价值很高，在中国的科学著作中有重要地位，他本人在诸多的科学领域都有很高的成就，被学界誉为“中国整部科学史中最卓越的人物”。

沈括像

1. 知识渊博

沈括博学善文，于天文、方志、律历、音乐、医药、卜算无所不通。其父沈周在泉州、开封、江宁等地为官，沈括从小随父在任上,到过许多地方，对当时的社会情况有着广泛的了解。沈括在仁宗嘉佑年间举进士，在扬州任司理参军，后调入京城，担任昭文馆校勘，编校馆阁图书，册定三司条例故事，累官太子中允。在此期间，因他对数学、天文、历法等方面做了深入研究，熙宁五年（1072），被提举为太史令兼司天监。在任司天监时，他观测天象，绘图多幅。改造仪器，制浑仪、浮漏、景表三仪，推荐卫朴修《奉元历》，所提倡的新历法同现今的阳历很相似。在物理学方面，他发现地磁偏角的存在，比西欧早400年，并著文阐述凹凸镜成像的原理……他是一位名副其实的伟大的科学家（《宋史·沈括传》）。

后来，沈括任太常丞，同修《起居注》（《起居注》

即专门记录帝王言行的册籍），常服侍于皇帝身边。据《宋史》载，宋哲宗时期，朝廷大量征用民间车辆，百姓不解而对这种掠夺行为感到愤慨，又加上朝廷在蜀地禁贩私盐，填塞私开盐井而不能解决百姓吃盐问题，让百姓怨声四起。有一天，哲宗皇帝对沈括说：北边的辽军侵犯我们的边境总能以马取胜，所以没有车不足以抵挡他们。沈括说："车战之利，见于历也。然古人所谓兵车者，轻车也，五御折旋，利于捷速。今云民间辎车重大，日不能三十里，故世谓之'太平车'。但可施于无事之日尔。"皇帝听了大喜，说没有人告诉过他这个道理。于是皇帝考虑不再征用民车了。

宋神宗熙宁七年（1074），沈括任河北西路察访使和军器监。他攻读兵书，精心研究城防、阵法、兵器和战略战术，编成《修城法式条约》2卷。他到边防实地看地形，制成立体模型图，令木匠用木板根据模型雕成木图，献给神宗。沈括制作的地理模型，比欧洲要早700年。

正当沈括在河北西路察访时，奉诏回朝。河北首府真定距东京（今开封）500多公里，朝中究竟发生了什么大事，要召他急回呢？

原来，熙宁七年（1074），宋与辽国发生了新的边境事端。这年夏天，辽方派遣使者来到东京，向宋神宗呈上一信，指控宋军越境滋事，要求重划代州以北蔚、应、云三州邻近地界。实际上是辽方向宋朝提出土地要求。不久，双方代表在代州界上的大黄平举行谈判。由于辽方一再设置障碍，谈判无果。熙宁八年（1075）三月，辽方增派使臣萧禧，带着国书来到东京，声称“必得清而后返”。意即，这次如果谈判无结果，得不到土地，他便赖着不走。当时参与谈判的官员，时常陪到深夜，辩得口燥舌干，也说服不了辽使。萧禧坚持自己主张，毫无回旋余地。与此同时，辽方武装边民，调集大兵，以重兵压境，逼使宋朝让步。

2. 奉旨出辽

面对此情，宋神宗忧心忡忡。他既怕战争，又不想割地。比较两全的办法，是派一名使臣，亲赴辽国，向辽方交涉。而谁又能担此棘手的重任呢？这时王安石推荐由沈括出使，进行樽俎折冲的交涉。

沈括对宋朝建国以来同辽国的关系一清二楚。契丹建立辽国，便占据了北方的“燕云十六州”。宋朝建国后，两次出师企图收复失地，两次失利。宋真宗时，辽国打破了对峙局面，再度南下。宋朝为此同辽签订“澶渊之盟”，一直以“献纳”岁币，换得和平。

宋神宗（1068—1086 在位）是一位有所作为的君主。他即位后力图改革，大胆使用了一批改革之士，如王安石等。但积重难返，一些耆老宿臣竞相反对。正当朝野上下群起责难新法、局势不稳之际，辽国一方面派出1万余骑兵攻掠代州（今山西东北部代县），另一方面派使者至东京，要求重划边境地界。

王安石像

沈括意识到出使任务的艰巨、处境的险恶，但国家有事，又岂能贪生怕死。沈括快马加鞭赶到东京，直趋宫廷。

神宗在便殿接见，说道："辽使来京，索取土地，欲与之谈判，无适当人选。介甫（王安石的字）荐卿可当此重任，不知卿有何高见？"

沈括慨然回答："目前边陲多事，局势动荡不安，正是臣辈效命之秋，愿听驱使。"

神宗见他一口应允，毫不推辞，在欣喜之时，进一步了解沈括使辽的对策："敌情难测，设若危及使臣，卿何以处之？"沈括毫不犹豫地答道："臣愿以一死报国恩。"

沈括对国忠贞、视死如归的精神，使神宗深感钦佩。

他谆谆告诫说："卿为人向来忠义。此番使辽，关系国家安危，责任重大。卿的安全就是边疆的安全。我们是礼仪之邦，争得一口闲气，无补于国事。卿千万不可如此！"

沈括接受了赴辽使命后，进行了紧张、周密的准备。他一向就很留意边境事务，还在受命前，他就上呈过《奏乞宣谕馆伴等俱晓分水岭本末事》的重要奏章，详细分析了边境的地理形势。受命后，他又进一步翻阅、钻研档案材料，弄清楚了辽方两次所提的边界前后不一。初议地界书中的边界与后来有争议的黄嵬山，相差 30 多里。沈括连夜草成奏章，送呈神宗。神宗看了奏章，不胜感慨。他对左右群臣说："以往主持谈判的大臣，不究本末，贻误国事。沈括精明如是，朕无忧矣。"按沈括所提供资料，神宗随即命人绘出地图，赐给沈括。

次日，沈括带着御赐地图，亲赴馆舍，拜会辽使萧禧。萧禧是辽国萧皇后的直系，是契丹的贵族。他虽出身北土，但对南朝的政治、经济、礼仪风俗颇有研究，又多次出入中原，熟悉宋廷的种种弊端。这次赖在馆舍不走，一是有强大的军事力量做后盾，二是藐视宋廷没有干练的外交人才。及至宋廷已任命沈括为使，萧禧仍不以为然，一笑置之。沈括来访，两人寒暄后，沈括很谦恭地说："下官受皇上委托，陪伴贵使。贵国有何要求，尚祈提出。"萧禧傲然道："贵国背约侵我边界，敝国早有照会，要求重定边界。大辽皇帝派下官来东京，此事一日不解决，下官无法回朝复命。”沈括道：“下官不才，对边界情况略知一二。贵国所提争议边界，与原定协议前进 30 里。不知贵国究竟是争议边界，还是要索取土地？”萧禧听沈括所言，不禁一惊，旋即恢复常态，若无其事地回答：“敝国只求按原协议地界，宋军不得侵犯，无意索取土地。”沈括从袖中取出地图，展示在桌上，图上赫然标明地界情况。萧禧俯身观看地图，一时语塞，思忖良久，苦无对策。萧禧说：“既然如此，敝使将及早回朝奏明大辽皇帝。”萧禧收下地图，第二天就返回辽国。

消息传出，满朝惊喜。在馆舍纠缠月余的辽使，竟被沈括一席话、一张图送走。旷日持久的谈判虽有转机，但如不急速赴辽，面见辽帝，将此事圆满解决，辽方随时还可以制造事端。沈括把自己的想法面奏神宗，神宗命他即日启程赴辽。

沈括以翰林院侍读学士的头衔，带领一行人，以“回谢辽国使”的名义离京赴辽。四月下旬，使团到达边境重镇雄州（今河北雄县）。随从持国书到辽国哨卡。辽方接国书看了一眼说：用“回谢辽国使”名义不行。随从说：“贵国派来使臣已经返辽，现敝国派来使臣回谢，名正言顺，为何不准我们入关？”哨卡人听说辽使已返回，吃了一惊：“萧大人何时回辽，下官不知。

只是此事关系重大，待我们禀报皇上。”为此，使团在雄州滞留了 20 多天。

滞留期间，沈括等见城内行人稀少，市井萧条。登上城楼，但见城外辽方境内，戈矛映日，旌旗如林，马队过处，激起团团灰尘，升上天空，经久不散。辽方摆出临战的架势，气焰嚣张。沈括忧心如焚，在馆舍写了一道奏章，详细记述边境局势和自己宁死不屈的决心，交雄州安抚副使转递朝廷。

3. 刀丛斥敌

萧禧返回辽国后，辽国方准许宋使入境，令宋使直趋永安山。熙宁八年（1075）五月二十三日，沈括一行方抵永安山（今河北平泉南），这里是辽帝经常打围习武之地，辽道宗是有意选择此地接待宋使的。这里地势宽广，人烟稀少，哨卡林立，戒备森严，辽帝意在炫耀武力，以图慑服宋使。沈括在这里驻留 13 天，先后与辽方交涉了 6 次，唇枪舌剑，针锋相对，往返争辩，非常激烈。沈括在他亲笔记述的《入国别录》中对这场斗争留下了珍贵的记录。

五月二十五日，辽道宗在永安山礼节性地接见了宋朝使者。二十九日，辽方宴请使团人员。宴会厅外戈矛交错，刀枪林立；宴会厅内，廷臣云集，冠盖如云。

内外戒备森严，阵势咄咄逼人。沈括轻正衣冠，昂首举步，从容不迫地就座。一场针锋相对的激烈交涉在酒筵上开始了。

辽道宗像

辽方谈判代表是宰相杨遵勖。他虽不是宗室、贵戚，但却是辽国掌实权的铁腕人物。他老谋深算，对南朝的情况掌握得既多且准，深知宋朝君臣害怕战争。从谈判场地的选择到重兵屯边，都是他精心策划的。萧禧返回燕京，向他报告后，引起他对沈括的警觉。

双方坐定，一番外交礼仪上的寒暄后，杨遵勖发出了试探性提问："学士此番前来，是否认为河东地界事已了当？"

沈括一听，知辽方又想翻旧账进行纠缠，便立即起身，明确答道："河东地界早已了当。我等此番是奉旨前来回谢。"

杨遵勖的助手梁颖插话道："只是蔚、应两州已了，朔州地界尚未了绝。"

沈括已预见到辽方会提出这一问题。他立即答道："此事虽非本职，不敢预闻，既是准奉而来，凡有所知，不敢不予答复。"

沈括这些话既表明自己不是谈判地界事宜的专使，把辽方企图在谈判桌上索要土地的要求顶了回去，但又保留在地界问题上揭露、批驳辽方无理要求的权利。辽方争地心切，见沈括愿意谈判，就急忙提出了以代州鸿和尔大山（黄嵬山）一段分水岭为界的要求。

这是个实质性问题，不仅关系鸿和尔大山的主权，而且有关天池的归属。这两处地方，早在宋仁宗时就已划定属于宋朝，并专门立石峰为标志。面对辽方的无理要求，沈括当场举出辽重熙十一年、宋庆历二年（1042）辽宋共同商定以鸿和尔大山北山脚为界的事实，并拿出辽顺义军承认以鸿和尔大山北山脚为界与天池属于宋朝宁化军的屡次公文。沈括以辽方自己的文件来反驳其无理要求。这种"以子之矛，攻子之盾"的手法，使环座惊愕。

杨遵勖等强词抵赖，顽固地要以分水岭为界。沈括断然回绝："我再说千遍道理，也无济于事。必须以确实的文字为据。关于鸿和尔，文书中记载：'大山脚下为界'，只有这几个字；天池，也只有几个字'地理属宁化军'。此外，就不知道、更没有什么可以议论的了！"

杨遵勖没有料到沈括竟然使出这样一手，一时发窘，无话可驳，最后竟威胁地说："贵国数十里之地不肯割让，难道就这样轻易断绝两国和好吗？"沈括毫不退让，毅然回答："师直为壮，曲为老，北朝弃先君之大信，竟敢贸然驱使百姓投入战争，敝国只有奉陪到底。"（《宋史·沈括传》）

辽方看到逼索不成，为摆脱困境，只好宣布谈判暂停，摆出筵席来款待。在谈判桌上，沈括首战告捷。

六月一日，沈括再次率员"赴宴"。辽方仍有千人环坐旁听，但气势已大弛。宴会开始后，辽押宴官耶律晕又一次提出辽方在天池牧马之事，想用这既成事实，挟逼沈括承认他们享有土地主权。耶律晕通过通译说："天池向来有乙室王在那里下帐，若是南朝土地，乙室王怎么会在那里呢？"

沈括给以义正词严的驳斥：地界文字有明白无误的记载，"辽方不应当过界下帐，而且有照据为凭，岂可不凭文字，只据口说。"

耶律晕见天池问题上还是辩不过沈括，转而又以鸿和尔界来纠缠。沈括见辽方人员说来说去只是些老话，便开怀畅饮，不加理会。好一会儿，沈括才接上话题，指明：辽方在公文中故意漏了山脚的"脚"字，现在又处处设防，不敢说出一个"脚"字来。其实，在这次辽使致宋廷的信札中早已承认了这一点，即使辽方现在不承认，亦无碍于事。

两次交锋后，辽方已无力对阵，但仍不甘心就此认输。在以后4次谈判中，勉强搬出一些理由和文件来进行辩驳，都被沈括一一驳回。辽方提出：既然天池为宋朝土地，为何当初并无建筑，后来才进行搭盖？沈括据理反诘：在自己的土地上拆迁挪移，有何不可？辽方提出：有关鸿和尔界的文件中，“北至张家庄”，并不能指作两朝地界。沈括当场诵读原定界文件：“北至当界张家庄。”“当界”，指两朝地界无误。

前后6次会谈，沈括始终依据事实，对答如流，且丝毫不惧，坚持斗争。每遇对方提出问题，他便吩咐随员当场举出有关文件、照会作证。在大量事实和雄辩的批驳下，参加谈判的辽方官员已觉理屈，不敢再强争下去。

在沈括不屈不挠的说理斗争和宋廷采取积极军事防御相配合的形势下，辽方不得不放弃讨索土地的要求，也不敢贸然发动军事行动。沈括出色地完成了这次使辽的使命。

沈括使辽归来，神宗为奖励他的功绩，升他为翰林学士，权三司使，管理全国财政。沈括把出使辽国的经历写成《入国别录》一书。《续资治通鉴》保留有该书部分内容。

延伸阅读

指南针的发明与造船航海技术的发展

“司南”是中国的四大发明之一，它就是指南针的前身。指南针的组成部分中最重要的就是一根磁针，它装在轴上可以自由转动。在地磁场的作用下，磁针可以保持在磁子午线的切线方向上，北极指向地理南极，南极指向地理北极，正是因为这一特性，有利于人们辨识方向，所以指南针被广泛应用于旅行、航海、军事、大地测量等方面。

指南针的使用对于航海家的远洋探索起到了举足轻重的作用。北宋时的《武经总要》就载有制造指南鱼的方法，即利用强大的地磁场作用使磁畴顺地磁场方向排列，从而使铁片磁化。

北宋科学家沈括（1031—1095）在科学技术方面取得的成就更令人刮目相看。他的《梦溪笔谈》书中提到了指南针的4种用法：一是水浮法，即把指南针放在有水的碗里，使它浮在水面，指示南北方向；二是指甲旋定法，即把磁针放在手指甲上轻轻转动以定方向；三是碗唇旋定法，即把磁针放在光滑的碗边通过旋转磁针来定向；四是缕悬法，即在磁针的中部涂

指南鱼

上点蜡，用一根细丝线沾上蜡后，悬挂于空中指南，但是这种悬挂式指南针必须在无风处使用。

沈括提出的指南针的这 4 种使用方法，在今天仍然具有广泛的启示性和实用性。例如现在发明的磁力仪和磁变仪的基本结构利用的就是缕悬法原理。世界最先发现磁偏角的人就是沈括，他在《梦溪笔谈》中写道："方家以磁石磨针锋，则能指南，然常微偏东，不全南也。"这是目前世界上发现的最早的有关磁偏角的记录。直到 400 多年后，1492 年哥伦布横渡大西洋，西方人才头一次发现磁偏角的存在。

北宋宣和元年（1119），《萍洲可谈》记有："舟师识地理，夜则观星，昼则观日，阴晦观指南针。"宋宣和五年（1123），《宣和奉使高丽图经》也记有："是夜，洋中不可住，惟视星斗前迈，若晦冥，则用指南浮针，以揆南北。”从这些记载中，我们可以了解到指南针一经发明就被应用于航海，对于社会发展起到了重要作用。我国是最早把指南针用于航海事业的国家。有了指南针才可能有后来的郑和七下西洋的壮举。

南宋吴自牧在《梦粱录》中说：“风雨冥晦，惟针盘而行，乃火长（船老大）掌之，毫厘不敢差误，盖一船人命所系也。”从中可以看出，海船对于指南针的倚重。南宋时，指南针已演进为水浮式样磁罗盘的针盘了。

针盘是早期罗盘的一种形式，由水浮针与圆形方位盘结合而成。方位盘上依 12 地支将整个圆周 12 等分，在 12 地支之间再等而分之，填以天干 8 字，构成每字相差 15 度的 24 方位罗盘图。如再以每两字间夹缝为一方位，则可构成每向差 7 度 30 分的 48 方位罗盘图。在使用时，先以子、午定北、南，再观航向与其方位字的关系，如正好吻合，则为“丹针”，称“某针”或“丹某针”，如航向在某二方位字之间，则为“缝针”，称“某某针”。

海船上指南针及针盘导航的使用，在世界航海史上是一件划时代的大事。宋时首创的指南针航海，使船舶航行方向与安全得到了一定的保障。指南针技术传入欧洲后，推动了西方航海事业的发展。15 世纪末 16 世纪初，欧洲各国航海家纷纷将指南针用于航海，

司南

他们不断探险，开辟新航路，发现了美洲大陆，完成了环绕地球的航行。

战国时期，我国人民就用天然磁石制成了指南仪器——“司南”。在那个时代，人们想要成功制作出“司南”很困难，而且存在很多缺陷。首先需要一块完整的磁石，有指南北两极的功能;其次，加工磁石时，不能锤、不能凿、不能烧，只能轻轻地磨，否则一不小心磁石的磁性便会消失，所以要想成功地制造出“司南”,势必要费一番工夫。即使这样费尽心思，“司南”到海上之后却完全没作用，因为海浪汹涌，木船在海上颠簸起伏，根本无法保证平稳度。在光滑的盘子上放上勺子，这需要盘子始终保持水平状态，勺子固定不动，这在海上完全没可能，所以也就不可能准确地辨识方向，“司南”也就自始至终都没有在海航上使用过。

我国宋代的航海业发展迅速，可是海员们却因出海常常迷失方向，饱受磨难，所以这时就迫切需要一种能够应用于海上的指向仪器，原始的“司南”虽然不能使用，但是它指示方向的原理和功用是很有利用价值的，令人鼓舞的。经过长期的研究探索，人们发现了人工磁化的方法，这是关系到指南针能否成功的关键技术，为以后指南针的出现创造了可能。

北宋庆历四年（1044）的《武经总要》是有关人工磁化的最早文字记录，书中提到了“指南鱼”，其制造方法是先准备一个铁片，将它剪成长约两寸的鱼形，然后火烧，变红之后把烧烫的“鱼尾”沿正北方向浸入水中，取出来后，就是一只尾巴指北的“指南鱼”。以现在的知识解释，它是利用地磁场的作用进行人工磁化的原理，只是这种方法有一定的局限性，磁化后的磁性很弱，灵敏度差，没有很高的实用价值。

不久之后，宋代科学家沈括的著作《梦溪笔谈》中，介绍了一种新的人工磁化方法，即当时有的“方家”用天然磁石摩擦钢针，钢针就可以指南。这实质上也是利用了天然磁场的作用，让钢针内部的磁力线排列变得规则，从而令钢针显示磁性。这种方法操作简单、灵敏度高，也就是现在我们口中的指南针。指南针是古代汉族劳动人民在长期的实践中对物体磁性认识的结果。作为中国古代四大发明之一，它的发明对人类的科学技术和文明的发展，起到了极大的促进作用。

沈括在《梦溪笔谈》中对指南针当时发展的状况作了详尽的论述。当时在生产和科学实验的推动下，特别是航海事业和对外贸易的兴起和扩大，让指南针逐步发展起来。沈括提到的指南针的4种使用方法中，在航海中最有价值的是水浮法：将指南针穿到一小节灯芯草中放在水里，利用灯芯草的浮力，指南针就可以漂在水面。无论海浪多大，船只怎么摇晃，容器中的水总能保持水平状态，所以说“水浮法”不但稳定而且实用价值高。

发明指南针后，航海者很快就将它运用到船上。关于利用指南针进行海上导航的最早记录是《萍洲可谈》，由北宋朱彧在宣和元年(1119)编写。书中描述到：“舟师（船长）识地理，夜则观星，昼则观日，阴晦（阴天）观指南针。”4年之后，徐兢出使高丽，回国后编写的《宣和奉使高丽图经》中也提到：“是夜，洋中不可住，惟视星斗前迈，若晦冥，则用指南浮针，以揆南北。”这两条关于指南针海上导航的珍贵记载，比欧洲和阿拉伯的相关记载早了100多年。

指南针最早在船上出现只是作为阴天使用的一个辅助性导航仪器，随着航海实践的增多，它的优越性越来越明显，很快它便成为海上导航的必要仪器，不可或缺。南宋的赵汝适在《诸蕃志》中写道：“舟船来往，惟以指南针为则，昼夜守视惟谨，毫厘之差（差别），生死系矣。”这也证明，南宋时期，海员们对指南针已经产生了依赖。指南针在远洋航行中发挥了巨大的作用，使人们获得了全天候航行的能力，使人类能够在茫茫大海中自由航行。

在科学技术高度发展的今天，海船上已经出现了卫星导航、通信导航、天文导航等各种各样新的导航手段。但我国先人发明的指南针技术，却依旧是每条船上必备的导航手段。

宋朝每年都要通过运河从南方运输数百万石粮食和大批布帛等物资到东京附近地区，供应皇室、官吏和驻军，因此，每年都要修治和新造大批运输用船。据《宋会要辑稿》记载，宋太宗至道三年（997）官方共造船 3337 艘，宋真宗天禧五年（1021）官方共造船 2916 艘，故造船业十分兴旺。

宋朝在许多地方设有官办造船场，有些规模颇大，如南宋时期洪州、吉州、赣州 3 个造船场各有工役兵卒 200 人，每天能造成一艘船。

宋朝官船场也造海船，官办船场制造较多的又一类船是战舰，尤以南宋记载最多。南宋时官船场造了许多车船，有脚踏拨水轮多个，船速很快。

宋代河运、海贸兴盛，私人船只往来于江河湖海，常被官府运输雇用，私人造船业也极其发达。并且私人船只也有载重量极大的万石船和载数千石的海船。

宋代造船技术在汉唐的基础上有不少的创新，最值得注意的是水密舱技术得到普遍推广和车船技术得到很大发展。

水密舱技术发明于唐，而兴盛于宋。宋代水密舱实物今在许多地方可以看到。1960 年扬州施桥镇出土宋代大木船和独木舟各一艘，前者残长 18.4 米，船艄部分已经破坏，从残存情况看，约可分为 5 个大舱和若干小舱。隔舱板与船舷是榫接的，缝隙用油灰填塞。1982 年泉州发掘的南宋古船已清理部分发现四舱，同时还发现有关于水密舱的确切记载。可见水密舱技术在宋代得到普遍推广。

车船技术始于南朝，成熟于唐，而发展于宋。建炎四年（1130）至绍兴五年（1135），杨幺领导的农民

泉州出土的南宋古船

起义军建造了不少车船。据《老学庵笔记》记载，官军战船长三十六丈，宽四丈一尺，高七丈二尺五寸。可见当时的车船规模都是较大的。车船速度快，机动灵活，深受宋人重视。淳熙八年（1181），荆湖帅臣造成五车、六车、七车、八车战船，次年建康府又造90只车船，据说其车轮数有多达22个和24个，可见车船技术在宋代得到了更大发展。

宋代在造船技术方面有如下新成就：一是制作了尖底船。尖底船吃水深，故其抗御风浪的能力较强。1979年在宁波东门口发掘了一艘尖头、尖底、方尾的海船，是我国今见最早的单龙骨尖底船实物。二是船舵技术有了多方面的发展。如平衡舵就是那时发明的，平衡舵把一部分舵面分布在舵柱的前方，以缩短舵压力中心与舵轴的距离，降低转舵力矩，使其操纵起来更为轻便灵活。又如升降舵在那时得到了使用，另还使用了副舵、三副舵及开孔舵。三是那时设置了防摇装置，船上的舭龙骨，就是为了减缓船舶左右摇摆、提高行船平稳性而设置的。四是使用了修船的船坞，熙宁（1068—1077）中，于金明池北普大澳修成船坞，这是世界上关于船坞最早的记录。五是船上设探水铅锤，以测水深，预防搁浅。六是造船工艺过程由设计到施工都较为严密科学，宋人在建造形式新颖或结构较为复杂的船舶时，大凡都先制作模型，后依比例放大、施工。而西方直到16世纪才出现类似的简单船图。

宋代造船业的兴旺与航运工具的进步

宋元时期造船业十分兴旺，在濒海临江地区建有众多的造船基地。宋代的造船基地主要有金州、籍州、潭州、衡州、鼎州、楚州、泗州、赣州、洪州、吉州、温州、明州、秀州、平江府、复州、松江、镇江府、建康、叙州、眉州、嘉州、泸州等处，几乎遍及全国。其中，浙江的温州与明州造船最多，如“哲宗元祐五年（1090）正月四日诏温州、明州每年造船以六百只为额”（《宋会要辑稿·食货志》），占全国造船总额的20%以上。同时，福建的漳、泉、福、兴化的“滨海之民”，也时常“自备财力”，订造船舶，以“兴贩牟利”。元代的造船基地主要有扬州、泉州、广州、湖南、赣州、汴梁、襄阳等，造船数量极为可观，动辄数千艘。如“至元十年（1273），刘整请教练水军五六万及于兴元、金、洋州、汴梁等处造船二千艘”，“至元十九年（1282）九月壬申，敕平滦、高丽、耽罗及扬州、隆兴、泉州，共造大小船三千艘”（《元史》卷八）。当时造船种类繁多，按地域分已有江船、黄河船、江海船、海洋船。长江流域有淮船、楚州船、合肥船、吴船、越船、秀船、魏塘船、松江船、余杭船、浙江船、湖船、严船、鹜船、衢船、徽船、温州船、台州船、池州船、楚船、鼎州船、嘉州船、蜀船等种类的船型。

在盛唐造船的基础上，宋元造船技术与工艺也有了新的提高。主要有如下几个主要特点：

第一，体势庞硕，载重量大。

在内河方面，长江干流常见客船的载重量为500 ~ 2000石，漕船的载重量为500 ~ 1000石。据载，荆湖地区曾建造过一艘“万石船”，其“船形制圆短，如三间大屋。户出其背，中甚华饰，登降以阶梯，非甚大风不行，钱载二十万贯，米载一万二千石”（《画墁集》卷八，王恽：《秋涧先生大全集》卷四）。

在海运方面，宋朝时期“海商之舰，大小不等，大者五千料[按：据《宋会要》《明会典》等称，1斛（料）相当1石，等于120斤；又据《汉语大字典》释义，每料重1石，两端截面1方尺、长足7尺的木材叫1料]，可载五六百人；中者二千料至一千料，亦可载二三百人”，当时应用得最普遍的是“可载二千斛粟”的中型海船，叫“客舟”，其“长十余丈，深三丈，阔二丈五尺”；而“长阔高大”“皆三倍于客舟”的海船，叫“神舟”，望之“巍如山岳，浮动波上，锦帆鹢首，屈服蛟螭”。《岭外代答》在记载“浮南海而南”的“木兰舟”时说，“其如巨室”“一舟数百人，中积一年粮，豢豕酿酒其中……盖其舟大载重，不忧巨浪而忧浅水也”。元代的海船大小与宋相比，有过之而无不及。据阿拉伯大旅行家伊本·白图泰（又译伊本·拔都他）介绍，当时“中国船舶共分三等，大者曰‘镇克’，中者曰‘曹’，第三曰‘喀克姆’”“大船一只可载一千人,内有水手六百人，兵士四百人”（伊本·白图泰 :《伊本·白图泰游记》)，其体势之庞硕，无异于水上殿宇。

第二，船体坚固，结构精良。

在内河船舶方面，以宋代名画《清明上河图》上画的船为例：其货船体圆、身短、中宽、底平，首尾狭而翘、型线光顺、造型优美、结构均衡，具有强度高、稳性好、舱容大、装货多、吃水浅、阻力小、航速快等特点。其客舟则型线较窄，全船遍设客舱，舱室窗户较大，通风采光良好，且可启闭，以防风雨；客舱顶棚以苇席编制，轻而耐用，顶棚上设有两列客窗，有的船头甲板前伸部分还设亭阁撑篷，以供旅客凭栏远眺；船尾明显后伸，用以增加甲板的舱室面积；客舟的两舷设有舷伸甲板，作为走廊使用。值得注意的是，其时宋人已懂得利用铸造铁块压载来降低重心，以保证物体稳性，这是世界上最早见诸文献记载的压载方法，比 15 世纪末哥伦布远航美洲时在船底装石块压载要早 500 多年。

在海船方面此类进展尤为明显。在船体制作上，为确保纵向强度，龙骨常选杉、松为材，“以巨木全木方，搀叠而成”（徐兢：《宣和奉使高丽图经》）；船侧板与船壳板也用二重或三重木板加固，并用桐油、石灰、麻丝等捻缝，以防漏水。在连接工艺上，采用平接与搭接相结合的鳞式结构，以钉榫为主要构件，有的大钉“每钉长三腕尺（由肘至中指末端之距离）”。同时，采取水密隔舱技术，增加船体横向强度，一般有十几个水密隔舱，即使破损一两个舱，也无倾覆之虞。在船舶造型上，采用“上平如衡，下侧如刀”的 V 形设计，不但可增强船舶稳性与回舯扭矩，而且能减少水下阻力，“贵其可以破浪而行也”。此外，为改善船舶的摇摆性能，船腹两侧“缚大竹为橐以拒浪”。为满足跨洋越海的供应需要，海船上建有淡水舱，且“公私房间极多，以备商客之用，厕所秘房，无不设备周到”（张星烺：《中西交通史料汇编》，中华书局 2003 年版）。

第三，航器先进，设计齐备。

在内河船舶方面，再以《清明上河图》为例，其客船和货船都已采用平衡舵，这是一种非常适合在水浅和弯曲河道中航行的舵，其舵叶面积有一部分在舵杆之前，舵形状扁平，能升降。由于这种舵将一部分舵面积分布于舵轴的前方，缩短了舵压力中心与舵轴的距离，从而减少了转舵力矩，对水压力起到了一定的平衡作用。因此转舵比较省力，既可减轻劳动强度，又可提高操纵船只的灵活性。

宋代车船模型

同时，《清明上河图》中还有一种可取代舵以控制航向的“招”，其形似桨，系用整根木料为招身，下部镶接木板作为大刀形招叶，上部略弯曲，中部装贴小木板作为招垫，可在急流航道上顺流航行。顺流而下的竹木排放流，也可用招控制航向。《天工开物》中称，“招为先锋”“船首列一巨招，捩头使转”（宋应星：《天工开物》），说明了招在船舶航行中的作用。

此外，宋代建造车船技术也达到历史上的最高水平。史载，建炎二年（1128），无为知军王彦恢奉旨“制飞虎战舰，傍设四轮，每轮八楫，四人旋斡，日行千里。又有神武战车，下安四轮，略同飞虎……其用如神”（《宋史》卷十八）。除官方所造车船外，民间也建造了一批车船。南宋杨幺起义时，即仿官军船，造出几百艘大小车船。据载，此“车船者，置人于前后踏车，进退皆可，其名有大德山、小德山、望三州及浑江龙之类，皆两重或三重，载千余人。又设拍竿，其制如大桅，长十余丈，上置巨石，下作辘轳，贯其颠，遇官军船近，即倒拍竿击碎之”（宋·章如愚:《群书考索》卷四十五）。

车船自南齐祖冲之首创之后，经历了700多年的不断改进，到南宋中期臻于完善，在中国乃至世界航运史上是一种较为先进的船舶，比欧洲出现车轮船早出400多年。但中国传统的车船全凭人力操踏，未能将船员从繁重的体力劳动中解放出来，既不适宜浅水航行，又不能远渡重洋，故在南宋之后便逐渐消失。

在海船方面，就动力设备而言，帆樯高大且众多，类型与用途各异。以2000料中型海船为例，其“大樯高十丈，头樯高八丈，风正则张布飒（帆）五十幅，稍偏则用利蓬”，“大樯之巅，更加小飒十幅，谓之野狐飒，风息则用之”。那些大型海船则“有三帆以至十二帆，帆皆以竹为横架，织成席状”（宋·徐兢:《宣和奉使高丽图经·客舟》）；航行之时，“帆若垂天之云”，且可随时起落掉戗。除风帆外，船上还有橹、桨、篙等人力驱动装置，可以在无风或进出港湾时使用。据载，大海船“镇克上之橹，其长几与桅相等，每橹需要十人以至三十人，始得摇动之。橹甚粗大，不能执持，故系绳于端末，行走时牵动可也”。在操纵船舶航向的舵装置方面，为适应近海与远洋不同水深，在船尾设有“大小二等”的“正舵”和“三副舵”。特别值得注意的是，舵质取材之优异，“柂（舵）梢之木曰铁棱，或用乌婪木，出钦州（今广西壮族自治区钦州）”，周去非曾对之盛赞，“用以为大船之柂，极天下之妙也。蕃舶大如广厦，深涉南海，径数万里，千百人之命，直寄于一桅。他产之桅，长不过三丈，以之持万斛之舟，犹可胜其任，以之持数万斛之蕃舶，卒遇大风于深海，未有不中折者。唯钦产缜理坚密，长几五丈。虽有恶风怒涛，截然不动，如一丝引千钧于山岳震颓之地，真凌波之至宝也”（周去非：《岭外代答》）。在海船抛泊装置方面，设有铁锚或木石锚。“铁锚大者重数百斤”，下有“四爪”；木石锚“下垂町石，石两旁夹以两木钩”“上绾藤索”，可由“船首两颊柱”中间的“车轮”收上或放下（周去非：《岭外代答》）。

两宋时期的海船在当时世界上是独步一时的。当时有人对中外海船作过比较。例如，波斯湾沿岸的阿拉伯人虽久习航海，但他们的造船技术相当粗糙，所用船只木材过于坚脆，造船时铁钉打不进去，并容易震裂；而且船板的连接方法十分简单，主要是用椰索缝合，同时船底也不涂沥青，只用鱼脂油，再加絮捻缝；此外，它的船体很小，仅一桅、一舵、一舱，连铁锚都没有，因此在印度洋航行中，稍遇恶劣天气，即触礁沉船，酿成海难。相比之下，两宋时期的中国海船就大为不同了，它们是用冷杉木制成的，有坚固的主甲板，甲板下面辟设 60 个小舱，船上的舵很结实，竖四桅、张四帆，其中二桅可以竖起也可以放下。一些吨位较大的中国船，舱室多达13个，相互之间由厚板隔开，用榫眼相接，隔舱十分水密，即使一舱进水也不致危及全船。船壳板都是用双层板制成的，船板内外都用麻絮捻缝，并用铁钉固定，船底还用一种树油制成的特殊油灰抹层，绝不漏水。

正是在社会经济发展、航运政策更加积极和航行工具得到很大改进的背景下，宋朝的内河、近海与远洋航运活动得以广泛开展，并在中国航运史上留下了光辉的一页。

北宋忧国忧民的改革家——范仲淹

范仲淹（989—1052），字希文，又称范履霜，祖籍邠州（今陕西省彬县），后来搬到苏州吴县（今江苏省苏州市相城区），宋真宗年间进士，官至参知政事（副宰相）。北宋著名政治家、军事家、文学家，世称“范文正公”。在他两岁的时候，父亲就去世了，家中贫苦无依。年轻时，范仲淹就把治理国家作为自己的责任，不知疲倦地发奋读书。他的名篇《岳阳楼记》中的名句“先天下之忧而忧，后天下之乐而乐”，足以表现出他远大的政治抱负和伟大的胸襟气魄。范仲淹刚正不阿、为官清廉、体恤百姓。皇祐四年（1052）五月二十日，范仲淹在徐州病逝，享年63岁，谥号文正，十二月在河南洛阳东南的万安山下葬，被封为楚国公、魏国公。

范仲淹像

1. 心系百姓

北宋明道二年（1033），江南东、西路，淮南东、西路和京东路一带，遭受严重的旱蝗灾害。直到八月，江淮地区的旱灾还是十分严重。宋仁宗亲自派遣的赈灾钦差，骑着马，带领随从，行走在田间的大路上。这时的田野，一片白茫茫，地面上全是一条条龟裂的缝道。庄稼都枯死了，连树上的叶子也被难民们抢摘得精光。在几棵枝条光秃、被扒了皮的大树下，横七竖八地躺着几具尸体，成群的乌鸦啄来啄去。看着这目不忍睹的惨状，钦差也难过得流下泪水。马儿慢慢地向前走着，迎面拥来了一群难民，他们穿着破烂不堪的衣衫，个个面黄肌瘦，少气无力。有位白发苍苍的老人，一手拄着棍棒，一手握把乌味草，边走边吃，嘴里还发出哼哼的呻吟声。“啊！这种草不能吃的呀！”钦差急忙跳下马，上去夺下老人手中的乌味草。“你为啥夺我口中粮！”老人大声叫嚷，气得浑身发抖。他用全力扑向钦差，夺回了乌味草，霎时瞪着双眼，指手骂道：“你们这些当官的，成天吃得饱饱的，我们吃这样的草还要抢走。你们到底让不让我们百姓活下去了！”说着，一个踉跄就想过去拼个你死我活。钦差面对这种情景，一阵心酸，只觉眼前一片昏黑，头晕目眩的毛病又犯了。随从急忙扶住他：“大人，是不是吃点东西？”停了好一会儿，钦差才说：“好吧！你快把那些能吃的东西拿出来！”钦差捧着食品，对老人说：“老人家，那草是不能吃的呀！快把它交给我，你来吃这个。”老人突然愣住了，好一会儿他才伸出双手接过食物，然后猛地一下跪在钦差的面前：“大人，你是俺的救命恩人！刚才我错怪了您，望您恕罪。”钦差手捧乌味草，急忙搀起这可怜的老人。

老人手捧食物，看了又看，心里十分感激，他抬头看看众难民，用颤抖的声音喊道：“乡亲们，快来给这位大人磕头呀！求他救救我们！”霎时间，难民们都跑过去跪在钦差的面前，口口声声喊着：“大人救命！大人救命！”钦差把他们一个个地搀扶起来，然后用非常和缓的口气说：“这里的灾情朝廷已经得报，我就是皇上亲自派来安抚江淮百姓的钦差。”难民们一听，心中如同沸水翻腾，感恩不已，又一次跪在钦差面前，高呼："皇上万岁！皇上万岁！"钦差也激动万分，热泪盈眶，他对难民们说："万岁命我前来赈灾，是朝廷对黎民百姓的关怀。我现在就带你们去县城，让县官开仓放粮！"于是江淮灾区到处放粮济民，禁民淫祀，钦差还上奏免缴淮南路庐、舒（今安徽合肥、舒城）等地折役茶和江南路丁口盐钱等。又上疏，条陈《救弊十事》，使江淮数十万灾民返回故乡，重整家园。

这钦差，就是北宋著名政治家范仲淹。他是唐朝宰相范履冰的后裔，苏州吴县人。他两岁丧父，从小发愤苦读，大中祥符八年（1015）考取进士，先后授官广德（今安徽广德）军司理参军、集庆军（今江苏江宁）节度推官。天圣五年（1027）掌管应天府学，有《上执政书》，建议朝廷从"固邦本、厚民力、重名器、奋戎狄、杜奸雄、明国听"6方面进行改革，但没有被采纳。后授大理寺丞、秘阁校理。天圣七年（1029），因上疏得罪刘太后，贬为河中府（今山西永济）通判。明道二年（1033）三月，决断军国大事的刘太后崩，23岁的赵祯（仁宗）亲理朝政，决心纳谏言事，采取一些开明措施，便拜范仲淹为右司谏，兼管国子监。岁遇重灾，仲淹面奏遣使巡行，仁宗才命他安抚东南。

2. 为国献策

还朝复命时，范仲淹出示乌味草，奏劾宰相吕夷简专权跋扈，再遭贬逐，降为睦州（浙江建德）、苏州、明州（今浙江宁波市）等知州。景祐二年（1035）十月，拜尚书省礼部员外郎、天章阁待制、判国子监，吕夷简便派人暗示他，待制是皇帝的左右侍臣，不是言臣，劝他不要再议论朝政。他回答说："评论朝政得失，是侍臣分内的事,我怎好不努力呢？"吕夷简又设下一计，马上调他为吏部员外郎，权知开封府，想用繁重的公务来缠住他，使他没时间去议论朝政，一有过失，就可罢免。但他"决事如神，京邑肃然称治"，京郡儿谣传唱："朝廷无忧有范君，京师无事有希文。"景祐三年（1036）五月，范仲淹再次弹劾宰相吕夷简，要求改革，结果被加上私结"朋党"的罪名，贬为饶州（今江西上饶）、润州（今江苏镇江市）、越州（今浙江

吕夷简像

绍兴市）等知州。康定元年（1040）初，西夏元昊攻延州（陕西延安市），兼管延州的鄜延路、环庆路沿边经略安抚使范雍，吓得魂不附体，吃了败仗，降职他调。朝廷又起用范仲淹为天章阁待制、陕西都转运使。五月，朝廷准备发五路大军讨伐西夏，范仲淹急忙上书阻止，他说，在边防、内地都没有充分准备的情况下，突然出兵，会使敌人乘虚而入，造成国家的危亡，不如先加紧备战，然后出兵。仁宗采纳此议，任命他为龙图阁直学士，陕西经略安抚副使兼管都部署司事。

范仲淹深知延州是西夏进犯的咽喉要道，担心一旦失守，将会造成重大伤亡。自范雍降调后，鄜延副都部署赵振兼管延州，因畏敌如虎，也遭罢职。朝廷再派陕西都转运使张存任延州知府，他接到公文又迟迟不肯去上任，最后无法拖延才去延州。为此，范仲淹心急如焚，坐卧不安，便主动要求到延州，与张存共守边关要塞。但是，当他抵达延州，出来迎接的竟是一个由人搀扶的年迈将官，那人拱拱手道："下官张存，不曾远迎，望大夫恕罪。"范仲淹一见，吃惊万分，简直不敢相信自己的眼睛了。张存头发胡子全白，说话上气不接下气，连走路也要人扶，怎能指挥打仗？过了两天，范仲淹问张存："张大人，元昊屡犯边关，您有何打算？"张存皱皱眉头答道："我能有什么打算？身体已成这副样子，家里还有80多岁的老母，我曾多次请求朝廷调回内地，都未批准。范大人，说实话，要说打算，我还是想早日调回内地，也好宽慰年过古稀的老母呀！”听完张存之言，范仲淹愁眉紧锁。他暗暗思忖：大宋王朝内政腐败，民不聊生；边将老朽，关隘不守。面对西夏的侵扰，如何才能保卫这锦绣河山？于是提笔写了奏章，请求调回张存，由自己镇守延州（参见诸葛忆兵：《范仲淹传》，中华书局2012年版）。

康定元年（1040）八月，朝廷任命范仲淹为户部郎中（郎中是尚书省户部司级长官，正六品官职）、龙图阁直学士、陕西经略安抚副使兼知延州。他想到“知己知彼，百战不殆”这一兵家之真谛，决心举行阅兵、演习，以了解边兵情况。到了阅兵时日，士兵松松垮垮，根本不知道什么叫“检阅”。将校们喊了老半天，才把他们叫到一起，横不成列，竖不成行，前推后拥，东张西望，活像一群山羊在散漫地移动。骑兵管不住战马，有的竟从马背上摔下来。范仲淹看此情形，心急如焚。演习开始，士兵满山乱跑，简直同小孩捉迷藏一样，将官的指挥旗左摇右摆，士兵却各打各的，谁也不听指挥。范仲淹实在忍耐不住，才下令停止演习。

阅兵后，范仲淹心烦意乱，深夜还久久不能入睡。想到朝廷100多万军队，为什么会这样堕落？便细细回顾宋朝80年的历史。从赵匡胤“陈桥兵变”，到集中全国兵权于一身。为防止军队兵变，宋太祖规定将官由朝廷直接任命，经常调换，于是造成“兵不识将，将不知兵”“兵无常帅，帅无常师”“将不得专其兵”的局面。这就是军队腐败的根子！范仲淹想着，便下床草拟改革兵制的奏章，根据边地实际，他创立了“置将法”。在延州挑选 18000 名士兵，分置六将统率。每将统 3000 人，分别负责对士兵的训练，对违抗军令者，轻则罚打，重则处斩。于是，延州到处都有练兵场，训练搞得如火如荼，州府还每月发给士兵饷银。又规定作战时，要根据敌人的多寡，轮流派遣军队出击。这样，战斗力大大提高。当时，边塞已废，便筑青涧城（延州东北的旧宽城）扼守贼冲。又招募边地军民，大兴营田，以充军粮;招募内地商人，活跃经济。还修建了承平、永平等 12 个城寨，使外逃的羌、汉各族人民返回家乡。西夏军看到延州防守牢固，惊恐万分，他们互相告诫说：“对延州千万不可造次呀！今小范老子（指范仲淹）不比一般人，他腹中有数万甲兵，不像大范老子（指范雍）那样可欺呢！”就连元昊本人，提起范仲淹也胆战心惊。庆历元年（1041）五月，范仲淹调知庆州（今甘肃庆阳），兼管环庆路都部署司事。他安抚了庆州羌族各部落，与韩琦一起，积极改革兵制、严明纪律、修筑城堡、争取羌人、爱恤士兵、安抚边民，使宋朝西北边防从危急中稳定下来。到庆历三年(1043)初，西北边防地区流传着“军中有一韩（韩琦），西贼闻之心胆寒；军中有一范（仲淹），西贼闻之惊破胆”的歌谣，从而促使西夏政权于庆历四年（1044）十月，和宋朝签订停战协议。范仲淹因边功，由枢密院直学士、右谏议大夫（从四品）、陕西四路都部署、经略安抚兼沿边招讨使，拜枢密副使。

庆历三年（1043），北宋积贫积弱的局面日趋严重，做官全凭关系，升官更靠资历，一个人做了大官，家属亲戚都可以做官，结果政府机构臃肿，人浮于事，官员增加5倍以上，军队士兵增加4倍，造成财政危机。农民到处起义，著名的有京东路王伦起义，京西路张海、郭貌山起义，湖南路桂阳监瑶民起义，河北路王则起义，等等；北方的契丹、西夏又不断南下侵扰，战事频繁。宋仁宗感到再依靠守旧派官僚是不行了，必须针对弊政，实行改革，才能摆脱困境。于是罢免宰相吕夷简、枢密使夏竦、参知政事王举正等，任命范仲淹为参知政事（注：宋代以参知政事为副宰相，正二品衔），杜衍为枢密使，富弼、韩琦为枢密副使，欧阳修、王素、蔡襄、余靖等为谏官，章得象、晏殊为宰相。在政府中改革派一时占了优势。

九月，正是秋高气爽的日子。一天，仁宗在天章阁召见范仲淹和富弼，他说："两位爱卿是朕的执政重臣，范爱卿防边有功，深为朝廷内外诸臣敬佩。

寡人锐意太平，请速陈治国理政之良策。”范仲淹起身奏道：“谢圣上恩宠，然事有先后，革弊于久安，非朝夕可能也。”富弼接着也奏：“伏见西鄙用兵以来，骚动天下，物力穷困，人心怨嗟，朝廷不能存抚，遂使为盗。四五年来，贼入州城打劫者，约三四十州……”仁宗频频点头道：“是啊！

韩琦像

内忧和边患交相侵逼，为消弭危机，朕遣韩琦爱卿镇守陕西，朝廷大权特委两位爱卿，所宜尽心同事，毋或有所顾避。”范仲淹面对着仁宗，便考虑起改革应从何处入手的问题。他又想到那庞大而腐败的官僚机构，不但冗官泛滥，而且还在公然卖官鬻爵，六千贯钱可买个县官，一万贯钱可做朝廷殿值官，这成何体统？他便趋前再奏：“臣经三思，当今朝廷急务者，改革官僚制度，提高行政职能；注重富国强兵，缓和内外矛盾。”仁宗一听，喜出望外，便命内侍取来笔墨纸砚，亲自赐给他们两人，命献上治国之策（参见李焘：《续资治通鉴长编》卷一四三）。

3. 和外交家富弼交好

范仲淹在天章阁书房，面对钦赐的文房四宝，心潮起伏，思绪万千。30多年的宦海生涯，从东南到西北，内忧外患、民生苦难、经济凋敝的情景，他都历历在目。现在革除弊政，复兴王朝的重任，突然落到自己肩上，怎能不兴奋！顿时，他那严肃而清癯的面孔上，两眼放射出坚毅的光芒，毅然握紧狼毫，感情激越，疾速地草写起整顿朝政、改革制度的策书。他写道："臣闻历代之政，久皆有弊，弊而不救，祸乱必生，我国家革五代之乱，富有四海，垂八十年，纲纪制度，日制月侵，官壅于下，民困于外，夷狄骄盛，寇盗横炽，不可不更张以救之。然则欲正其末，必端其本；欲清其流，必澄其源。臣敢约前代帝王之道，求今朝祖宗之烈，采其可行者条奏，愿陛下顺天下之心，力行此事。"接着就论述治国十策（参见范仲淹：《答手诏条陈十事》）：

（一）明黜陟（指官吏进退、升降）：改变文官三年一升迁的磨勘（考核）法。官员中有大功、奇才和特殊贡献的，加以重用；老弱病残和愚昧无能的，另作处理；有罪过者，按其情节轻重予以处分。

（二）抑侥幸：改变贵族官僚子弟恩荫（因先代做官而封赐子孙）做官的办法，以减少冗官。

（三）精贡举：改变专以诗赋取士的科举办法，把考试的重点放在治理国家的策略和儒家的经学上，以便选出经世致用的人才。

（四）择长官：严格选择各路转运使、提点刑狱使和各州、县长官，使他们更好地治理郡邑、统治黎民。

（五）均公田：国家各级官员，按照等级分配给他们数量不等的土地，使他们衣食无忧，以防止和减少他们的贪污行为与对人民的敲诈勒索。

（六）厚农桑：重视农业，提倡开河筑堰，以增加农业收入，达到“天下饥岁，上无责余”。

（七）修武备：京师招募五万人充卫兵，使春夏秋三时务农，冬时教战，以加强军队的实力。

（八）减徭役：合并人口较少的州县，裁减地方机构和官员，使徭役和赋税相对减少。

（九）覃（广深）恩信：要广施恩德，以增强皇帝和朝廷的威信。朝廷赦令，要取信于民。

（十）重命令：各地法令必须由朝廷统一发布，任何人都不得自行其是。诏令一经颁布，必须严格依照执行。

写完10项建策，范仲淹才长长地舒了一口气。然后加上“答手诏条陈十事”7字为题目，这就是“庆历新政”的内容。

宋仁宗细读策疏，认为字字珠玑，句句有理，立即下诏逐条颁行全国，命范仲淹全面主持改革事项。范仲淹与富弼特别重视裁汰冗官、限制恩荫，他们对地方官的任选最为谨慎，于是日夜忙碌不暇，常常在中书省议事厅商议改革大计。一次，范仲淹伏案翻阅全国各路监司的班簿，逐一审查，凡是不称职的毫不客气地罢免，换上适当的人选。他大笔一挥，勾掉了一个转运使的姓名，富弼便说："您又勾去一个？范公呀，勾掉一个官员容易，可这会使他一家人痛哭流涕呀！"范仲淹感到惊讶，就指着勾去的转运使名单说："请您看看，像这样无德无才、贪污腐化、任意残害百姓的官员，怎能继续留用？如不勾去，再当一路的转运使，那天下不知有多少人家要痛哭流涕了！我们是让他一家痛哭流涕,还是让千万家都痛哭流涕呢？"富弼听了，佩服范仲淹的见识高明。在宋仁宗的积极支持下，范仲淹以天下为己任，全面整顿机构，裁削幸滥、考复官吏，制订发展农业的规划和加强政令的措施，要求现任官员都要尽心为国，廉洁奉公，节省开支，改变奢侈之风。经过一个时期，朝廷内外很快出现一片新气象，历史上称之为"庆历新政"。

但是新政触犯了上层官僚和皇亲国戚的利益，于是遭到他们的反对和恶毒诽谤。特别是守旧派代表、原枢密使夏竦和御史中丞王拱辰一伙，利用造谣、伪造等手法弹劾范、富等人，宋仁宗在顽固势力的包围下，对改革遂发生动摇。庆历四年（1044）夏天，契丹侵略西夏，仁宗怕西夏与契丹联合攻宋，就派范仲淹以右谏议大夫、参知政事，出任河东、陕西宣抚使。范仲淹离开京师,新政也被渐渐废除。庆历五年(1045)正月迁资政殿学士、知邠州（陕西彬县），兼陕西四路沿边安抚使（宋代安抚使为一路的军民长官，多数带"经略使""马步军都总管"等衔）。八月，范仲淹辞去参知政事和边防上的一切职务，转给事中、资政殿学士、知邓州（河南邓县）。这时新政废除，革新派官僚都遭到贬逐,改革以流产而告终。庆历六年(1046)九月，邓州新科头名状元贾黯回乡省亲，特地到邓州府衙拜访范仲淹，要求给予教诲。他见状元有忧国忧民之志，谈吐不俗，态度诚恳，便说:"我做官几十年，忧虑朝政，体恤民情，虽遭受多次挫折，但我心底明亮，从不灰心。现在朝中还有人诽谤我，那是情理中事，我并不介意。"当贾黯问到自己刚入仕途，应该怎样处世治事时，他严肃地回答："为官要忧国忧民，不然就不要做官！"贾状元频频点头称是。他又说:"当然，要做到这一点是不容易的。不过，如果你不担心将来做不了大官的话，我劝你要上不欺君，下不欺民，为官清正，廉洁奉公。这样，为官一生也就问心无愧了。一心想往高位上爬的人，不用欺诈的手段是不行的。你是个有志之士，我劝你一定要奉行'不欺'二字。”贾黯听完便起身拱手道：“大人说得好！学生将终生牢记大人的教诲，一定‘不欺’！”（参见任福军：《为政者要“不欺”》，《政工学刊》1995 年 01 期）送走贵客，又有岳州知府滕子京请修岳阳楼的记文。岳阳楼位于岳州（湖南岳阳）西门，与武昌黄鹤楼、南昌滕王阁被誉为“楚地三大名楼”，地处交通要道，唐朝诗人李白、孟浩然、杜甫、韩愈、白居易、刘禹锡和李商隐等人都有登岳阳楼诗。他翻阅了前人有关的诗文后，决定文章立意不复述前人，着重抒写迁客骚人览物时的不同心情，借以规劝友人，抒发自己高尚的情怀。九月十四日晚上，他面对一轮明月，伏案疾书，写出了名垂千古的《岳阳楼记》。他最后这样写道：“予尝求古仁人之心，或异二者之为，何哉？不以物喜，不以己悲。

岳阳楼

居庙堂之高则忧其民，处江湖之远则忧其君。是进亦忧，退亦忧。然则何时而乐耶？其必曰：‘先天下之忧而忧，后天下之乐而乐欤！’噫！微斯人，吾谁与归？”这里，他画龙点睛地指出了做官的原则：应该是先忧虑国家的困难而后考虑个人的得失，在天下人都得到了快乐之后再谈自己的快乐。只有这样的人，才是自己的真正朋友。后来，当滕子京读到这段文章时，也深为自己因改革政治、遭到贬谪发出怨恨、情绪消极而感到惭愧，决心接受范公的劝告，把岳州治理得更好。

皇祐元年（1049）中，范仲淹迁户部侍郎（尚书省户部副长官，从三品官职），调知杭州，三年（1051）春调知颍州（今安徽阜阳），四年五月二十日死于徐州途中，享年63岁。仁宗闻耗，悲伤地说：“范爱卿是御边之老将，治世之能臣。朕正准备大用，他却不幸去世了。”于是辍朝一日，以示哀悼。追赠兵部尚书，赐谥“文正”，亲书“褒贤之碑”。曾支持新政的欧阳修为范仲淹撰写碑文称“公少有大志，每以天下为己任”。宋代大儒朱熹赞其为“有史以来天下第一流人物”。

延伸阅读

宋代与周边各主要国家的外交关系

一、宋与高丽、日本的关系

公元10世纪30年代，高丽先后逼降新罗，征服百济。朝鲜半岛遂全部纳入高丽国的统治之下。高丽国在数百年中基本上独立地行使着国家主权。不过，其历朝国王，往往还在名义上接受中国皇帝的册封。

从王建到王治五朝高丽王，先后受唐、后晋、后周以及北宋政权的册封，被授以“玄菟州都督、大义军使（宋太宗时改大顺军使），封高丽国王”的名号。宋与高丽间通使，多以登州为出入海口。自北宋淳化三年（992）起，辽朝开始出兵入侵高丽，高丽欲与宋朝联军抵拒契丹。但这时宋廷已决意放弃收复“燕云十六州”的计划，因此以“北鄙甫宁，不可轻动干戈，为国生事”为辞，仅“赐诏慰抚”，不肯出兵。此后高丽被迫与辽朝时战时和，周旋达20余年。在此期间，宋对高丽的宗主权很快丧失。997年，王治死，弟王诵即位为高丽国王，即已受辽朝册立。不过宋与高丽的通使关系仍未完全断绝。1020年，高丽抵抗辽朝的斗争完全失败，高丽国王以降表进奉辽廷。次年，高丽即遣使至宋，告以与辽朝修好之事。1031年初，高丽王派遣的一个 293 人的庞大使团入朝宋廷。此后，高丽有 40 余年与北宋不通使节。

宋神宗时，福建沿海官员秘密奉旨通过高丽商人与高丽王朝联络，高丽王遂重新遣使通宋。为了避开辽朝耳目，宋廷应高丽之请，将高丽使臣入海口岸由登州改为明州（今宁波）。不久又在明州造两艘大船，号称“神舟”，专用于出使高丽。自此迄于北宋末，高丽虽奉辽朝正朔，但仍与宋通使不绝。宋徽宗宣和五年（1123）出使高丽的徐兢，曾受高丽政府的隆重接待，归国后，写有《宣和奉使高丽图经》一书，它是研究中朝关系的重要文献。

南宋初叶，高丽曾对宋廷有通好之意。由于高丽与金朝接壤，南宋朝廷深恐与高丽交往会被金朝利用而不利于国防，所以婉言相拒。自是南宋与高丽遂不复保持邦交关系。不过两国之间的民间交往并没有因此中断。

自 9 世纪四五十年代，日本逐渐改变通过遣唐使等方式对中国开展大规模邦交活动的做法，从 80 年代起更全面推行锁国政策。此后，日本有很长时期不再遣使来华，只是间或有僧人访问中国。《文献通考》说，日本在“大中（847—859）、光启（885—887）、龙德（921—922）及周广顺中（952）皆尝遣僧至中国”。这种情况一直延续到宋代。

984年，日本僧人奝然与徒弟五人浮海至宋献《日本年代纪》等书。宋太祖召见了奝然。奝然归国时，携御赐《大藏经》等物，并复遣弟子奉表来谢。11世纪上半叶，明州官府上奏朝廷，有日本国太宰府遣人贡方物而不持本国表，被宋廷拒绝。11世纪下半叶，又有日本泛海客商持太宰府牒来宋通贡，由于不合乎贡礼程式，明州官府经朝廷同意后，以本州名义，自行移牒，并将贡品的物价付给这个客商，遣之东归。此后宋与日本一直没有建立正式的邦交关系。

二、宋与东南亚诸国的交往

安南为越南古称，只包括现在越南北部一带。“安南”一名虽始于唐代后期改交州总管府为安南总管府之时，但是历五代至宋初，该地区一般仍以交趾或交州名之。宋太祖立国的时候，交趾之地的土豪们互相争夺，丁部领征服十二使君，据有交趾。他先自称“万胜王”，后称帝，国号大瞿越。其子丁琏在位时，闻宋拓境至岭南，平南汉，遂遣使上表内附，受宋制封为交趾郡王。

丁琏死后，弟弟即位，大将黎桓专断国政，竟至于将丁氏举族禁锢。宋太宗闻之大怒，遣水陆两路兵侵交趾。宋军为黎桓设计击败，被迫退兵。宋太宗杀领兵诸将，但是也只好接受黎桓的朝贡献纳，封黎桓为交趾郡王。黎氏政权传三世，共30年，因苛虐枉法，不得人心，被权臣李公蕴推翻。李公蕴遣使至宋入贡。宋真宗说:“黎桓不义而得，公蕴尤而效之，甚可恶也。”（《宋史》卷二四七）但最终仍“用桓故事”，以交趾郡王封之。李氏政权期间，改国号大瞿越为大越。南宋孝宗淳熙元年（1174），进封交趾郡王李天祚为安南国王，以安南为国名即自此时始。

黎、李二氏统治期间，安南虽与宋通使不绝，但是仍经常侵扰宋朝边地。宋神宗时，王安石以交趾新败于占城，准备进军南征。安南风闻此事，分兵三道先寇宋境。宋军出击，追至富良江边，因安南请和退师。这一战仅调用民夫就达87万人，可见规模之大。

李氏传八世，13世纪20年代，因为没有男嗣，政权为其女婿陈氏所据有。在宋灭亡前，两国间仍始终保持着通使关系。

占城为印度支那古国，位于印支半岛东南沿海地带，北起今越南河静省的横山关，南至平顺省藩里地区，王都为因陀罗补罗（今茶荞）。宋朝建国第一年，占城即遣使通贡，所上表章书于贝多叶。至10世纪之末，因受交趾黎氏侵寇，将国都南移到佛逝（今越南平定省归仁）。占城希图依靠宋朝调停，抑制安南侵寇其地。但宋朝为西北边患牵制，无力南顾，所以仅只宣谕二国“保国睦邻”“令各守境”而已，并没有采取具体的行动。神宗元丰年间（1078—1085），宋廷因“占城与交趾为仇国”（《宋会要辑稿·蕃夷四》），下令共起居及宴享时听其使臣互相回避。

自12世纪上半叶起，占城与真腊之间发生长期战争，双方都使用象阵交战，胜负不决。至70年代，有宋人因浮海失风信漂泊到占城，建议占城军乘马骑射作战。占城航海到宋，买战马数十匹，战大捷。次年再至宋朝买马，宋朝实行马禁，占城所遣人求马不得，大掠宋朝边境而归。在这以后，占城与真腊之战日益激烈。13世纪前期，它完全被真腊政权统治近20年。所以，直至宋亡，占城与宋的通使交往也就很少了。

占城属国宾童龙（今越南南部平顺省藩朗），10世纪末也曾遣使至宋通好。

苏利耶跋摩二世浮雕

10—13 世纪之初，是真腊（今柬埔寨境内）历史上一个极其繁盛的时期，都吴哥。在吴哥大寺的建造者、吴哥时期最强大的国王苏利耶跋摩二世时期，真腊与宋互通邦交。南宋绍兴年间,真腊曾向宋廷进驯象。13 世纪初,真腊属国真里富(在曼谷湾以东尖竹汶一带)也曾向宋朝贡象。

绍兴年间（1131—1162）与真腊一同入贡的，还有罗斛使臣。罗斛位于湄南河流域，故地为今泰国华富里一带，是孟族人建立的国家，大约建于 10 世纪到 11 世纪。据《宋会要》载："政和五年（1115）八月八日，礼部言……已差人前至罗斛、占城国说谕招纳。"这是两国间首次交往。后其国于绍兴二十五年（1155）来贡驯象。

9 世纪下半叶，爪哇山帝王室成员夺得三佛齐的统治权，继七八世纪的室利佛逝之后，在这里第二次建立起一个南海大国。三佛齐国都，先在苏门答腊岛上的巴邻旁(今巨港),大约在 11 世纪后期迁往末罗瑜(苏岛）中部詹卑河畔的詹卑城。在 11 世纪前叶，苏门答腊全岛、马来半岛南部诸小国，甚至印度半岛南端的细兰（又称锡兰，今名斯里兰卡）、注辇都成为三佛齐的属国。据宋代史料,其国王自称"霞迟苏勿吒蒲迷一",意译为"苏门答腊地之王"。

宋朝建国第一年,就有三佛齐使臣前来通贡。从此,两国之间一直保持着十分密切的交往。宋代三佛齐仍是东南亚佛教圣地之一。11 世纪初，三佛齐新建佛寺祝宋天子寿，宋廷赐“承天万寿”的匾额，并铸钟以赐。不少三佛齐使臣被赐予宋朝的官号。南宋淳熙五年(1178),三佛齐又遣使贡方物。此后两国的邦交活动，文献缺载。

阇婆今译爪哇。宋朝建立前不久，爪哇政权统治的中心地区已从东爪哇迁至中爪哇。《诸蕃志》“阇婆国”条说它又名“莆家龙”，即今中爪哇北岸之北加浪岸，说明中爪哇这座对外贸易中心城市具有重要地位。宋代阇婆国，以北加浪岸为中心，并包括了爪哇岛西部及其东部的部分地区，其势力范围与 13 世纪初兴起的杜马班朝相仿佛。

淳化三年（992），阇婆首次遣使通宋。使臣是以往来于宋与南海之间的中国大舶商毛旭为向导来到中国的。南宋初，又封阇婆王为“琳州刺史兼御史大夫，上柱国，阇婆国王”(《宋会要辑稿・蕃夷四》)。

阇婆有邻国名婆罗门。这个婆罗门国，应在爪哇岛东端苏腊巴亚海峡沿岸、马都拉岛及其邻近地区。此指婆罗门教信徒众多的国家，非指印度。13 世纪末兴起的爪哇麻喏巴歇王朝，即以此为其统治中心地区；麻喏巴歇朝正以婆罗门教为国教。1109 年，婆罗门国亦遣使通宋。宋廷诏接待礼仪同于交趾。

三、宋与南亚和西亚国家的关系

注辇国在印度半岛东岸即科罗曼德耳海岸地区，兴起于9世纪。宋大中祥符八年（1015），首次遣52人的使团携重礼至宋。据使者说，注辇国王“既闻商船，且曰：‘十年来海无风涛。故老传云，如此则中国有圣人’”（《宋史》卷四八九》），所以遣使通好，使团很可能是在舶商导引下来华的。在这前后，注辇不仅据有整个南印度，其势力北达孟加拉地区。宋天圣三年（1025），注辇出动海军进攻三佛齐（今印度尼西亚苏门答腊南部地区），逮获三佛齐王，并且攻掠了马来半岛的若干城邦小国，在此之后相当一段时间，注辇的势力超过三佛齐而称霸南海。北宋一朝，注辇数次遣使通宋。宋熙宁十年（1077），注辇使臣入宋，“请用夷礼以申问慕之心。乃奉银盘于殿，跪撒珠于御榻下而退”（《宋史》卷二四八）。

北宋之初，后汉时入印度的僧人道圆回到中原，宋太祖即召问所历风俗、山川、道里等。宋太平兴国七年（982），益州僧光远从天竺（古代对今印度和巴基斯坦等南亚国家的统称）回国，带来某天竺王表章一通，说“近闻支那国内有大明王，至圣至明，威力自在。……蒙赐金刚吉祥无畏座释伽圣象袈裟一事，已披挂供养。……今以释迦舍利附光远上进”，表文说明光远西游，是同时带有宋廷的外交使命的。宋淳化四年（993），有东印度王子至宋通贡。

天竺之法，国王死，太子袭位，其余诸子都出家为僧，而且不准留居于本国。宋太祖时，有天竺王子随中国僧东来，馆于汴京相国寺，宋人争相施财。后因遭妒忌，离开相国寺他去，不知所往。在宋朝，不时有僧至中国献梵经、佛骨等（参见《宋会要辑稿·蕃夷四》）。

当时的大食指阿拉伯帝国的阿拔斯哈里发（宋代译为诃黎佛）朝，不过，奉哈里发为教主的诸多伊斯兰地方王朝，也往往被冠以“大食”之名。宋开宝元年（968），哈里发朝首次遣使通宋，“自是供奉、商船往来不已”(《宋会要辑稿·蕃夷七》)。除政府的使臣外，到宋廷贡献方物还有诸多伊斯兰地区的商人。宋大中祥符元年（1008），大食舶商向宋廷献玉圭，长一尺二寸，据说已传五世，“长者传云，谨守此，俟中国圣君行封禅礼而驰贡之”（李焘：《续资治通鉴长编》卷七十）。这一类贡献自然是直接地出自商业目的。

宋熙宁四年（1071）大食层檀国使臣至宋。据宋代史料记其四至之地等内容推断，它应当是波斯塞尔柱突厥算端王朝。当时塞尔柱算端已被哈里发授予“众异密之异密”（宋代译作亚美罗亚眉兰）。层檀即算端一名之异译。

据宋代史籍，宋元丰四年（1081），拂菻遣使由陆路东行通宋。10 年后（宋元祐六年，1091），拂菻使臣又两至中国。宋末史学家马端临已注意到，宋代的拂菻与隋唐时代的拂菻所指可能不一。它们似乎不是指拜占庭朝的东罗马帝国，而应当是指据有其东部疆域即小亚地区的塞尔柱突厥王朝，罗姆算端国。

历史上杰出的民族英雄——岳飞

岳飞（1103—1142），字鹏举，宋代相州汤阴县（今河南省安阳市汤阴县）人，是中国历史上著名的民族英雄、南宋爱国名将，其精忠报国的精神深受中国各族人民的敬佩。他是南宋时期著名的战略家、军事家，位列南宋中兴四将之首。岳飞一生“精忠报国”，在很多抗金战役中立下功劳，名声也传遍了大江南北，最后“位至将相”。但是南宋绍兴十二年（1142），岳飞被安上“莫须有”的谋反罪名，以通敌叛国罪被处死，同他一起被杀害的还有他的长子岳云和他的部下张宪。宋孝宗在位时，为他平反昭雪，改葬在西湖畔栖霞岭，追封谥号

岳飞像

“武穆”，后来又追封谥号“忠武”，追封他为“鄂王”。

1. 大敌当前

从北宋徽宗宣和七年（1125）起，女真贵族曾经接连多次对宋发动大规模的掠夺战争。由于女真贵族的凶残贪婪，掠夺战争表现得特别野蛮，具有极大的破坏性。突出地表现在掠夺战争进行过程中，女真贵族实行残酷的烧杀掳掠：“虏骑所至，惟务杀戮生灵，劫掠财物，驱掳妇人，焚毁屋舍产业。”（宋·徐梦莘 :《三朝北盟会编》）自靖康至建炎，不到5年的时间，北起河朔，南至陈、蔡、唐、邓，东到沂、密、扬，西达陕州的广大被蹂躏地区，遭到严重的掠夺烧杀。特别是南宋高宗建炎三年（1129），金将兀术（完颜宗弼）率兵南侵时，所经建康（今南京市）、平江（今苏州）、临安（今杭州市）、明州（今宁波市）等繁华城市，均遭焚劫。在掠夺战争中，女真贵族又掳掠大批汉人作为奴隶。建炎元年（1127）在开封地区，掳“华人（汉人）男女，驱而北者无虑十余万”。次年在邓州，金将尼楚赫命金兵“四面纵火,尽驱城中人入木寨中”,然后“拥之而去”（李心传 :《建炎以来系年要录》卷一二）。在金统治区内，更采取种种手法，继续拘捕汉人为奴。如建炎四年（1130），金将粘罕“密谕诸路，令同日大索两河之民”“及拘行旅于道，凡三日而罢”。随后，又把这些拘捕所得的汉人,“刺其耳，为‘官’字，锁之云中（今山西大同）”“立价鬻之”。有的甚至“驱之回鹘诸国以易马”。至于“以人口折还债负”而沦为奴隶的现象，也相当普遍地存在着。当时奴隶的价格极为低廉，10个被俘虏的奴隶，到西夏只能换得一匹马。奴隶的生命更无保障，随时都可以被处死。粘罕在云中，一次就坑杀了3000人。在掠夺战争中，女真贵族还推行一系列民族歧视政策，对广大汉人实行残酷的民族压迫。不仅迁徙大批女真族人“散居汉地”，控制汉人，而且严令“诸路百姓，不得擅离本贯”，有事外出，必须说明人数、行李，从5家联保起，逐级上报，由州县发给通行证，才能出门，并规定每天路程不得超过30里。违反规定或不报告而外出者，都要受到重罚。又下令强迫汉人“剃发易服”，改从女真习俗，有“不如式者，皆死”（转引自徐明德 :《中国古代名人与经济文化研究》，浙江大学出版社2012年版）。

野蛮的掠夺战争，残酷的民族压迫，给人民带来巨大的灾难，造成“父子兄弟夫妇不能相保，狼狈冻馁，归于死地”（徐梦莘：《三朝北盟会编》卷六十七）的悲惨局面。即使侥幸不死，也多被迫为奴，使社会生产力遭受严重的摧残，社会经济极度残破。

汉族人民是女真贵族发动掠夺战争的主要受害者，为了保卫生命财产的安全，保卫高度发展的经济文化，他们奋起反对掠夺战争，反对民族压迫和民族奴役。在黄河两岸，大江南北，凡女真掠夺者铁蹄所到之处，都展开了轰轰烈烈的自发的武装抗金斗争，掠夺战争也遭到汉族以外其他各族人民的反对，如“契丹仇怨金国，深入骨髓”。渤海、奚霄等族人民也“从而和之”。同样，对于女真族来说，在掠夺战争中获得好处的只是少数上层贵族，广大的女真族人民，被迫充当统治者进行掠夺战争的工具，大批战死沙场，他们也是掠夺战争的受害者，因此女真士兵十分厌战，早在金军攻下燕京并准备继续南下时，就已经“每夜嗟叹，皆云‘契丹交兵十年不得归，今又向南去，不知何时可到家乡’”（徐梦莘：《三朝北盟会编》卷一七六）。南宋绍兴四年（1134）冬，金将兀术伙同伪齐军队准备渡江南下，途中恰逢大雪，粮道不通，死亡日多，士兵怨恨，每夜都有人在纸和剥皮柳树干上写下，“我曹被驱至此，若或过江，必擒尔诸将以献南朝”（李心传：《建炎以来系年要录》卷八十三）等字样，丢在军帐前。连金将韩常也劝兀术不可过江，他说："士卒劳苦，无斗志，强驱过江，恐自常（指韩常自己）之余，无不叛者。"（《大金国志》卷八；《建炎以来系年要录》卷八三）充分反映出掠夺战争的不得人心。

2. 坚决抗金

南宋政权建立之日，正是女真贵族接连大举南侵之时。特别是建炎三年（1129）春，金兀术统率大批金军过黄河、渡长江，直把高宗为首的南宋小朝廷赶往浙江东南的大海里。当南宋政府面临着由于凶悍的女真贵族步步进逼所造成的危急形势时，在广大人民群众自发掀起的轰轰烈烈抗金斗争浪潮的推动下，其内部抗战派和投降派之间也展开了激烈的斗争。斗争的焦点，集中地反映在如何对待女真贵族的入侵和怎样对待人民的抗金武装力量这两个根本问题上。抗战派主张抗金，要求固守汴京，进兵中原，收复故土。为了达到这个目的，提出主动联系和运用人民抗金武装力量配合官军作战这一战略方针。投降派既害怕步步进逼的金兵，更害怕日益壮大的人民抗金武装力量。在他们的心目中，前者不过"手足之患"，后者却是"心腹之疾"。因此主张一面以卑词厚币、称臣割地向金乞和求降，放弃汴京，偏安江南；一面对人民抗金武装力量丧心病狂地加以摧残镇压。

岳飞是南宋初年抗战派中杰出的代表，在强大的敌人面前，他毫不畏惧，从思想、言论到行动，始终一贯地坚持抗金，立足于打，反对任何形式的妥协投降。首先反映在建都问题上，岳飞一直主张坚守汴京，反对迁都。

南宋政权建立之初，一个亟待解决的问题是究竟建都于何处。这不是一个简单的地点问题，而是反映了对待女真贵族的掠夺战争是积极抵抗还是消极逃跑的根本态度问题。赵构为首的投降派，以汴京残破不堪，不能再作为都城为借口，下诏要在长安、襄阳、建康三地中选择一处作为都城。实际上他们心中早已有了谱：认为汴京离金兵的前线近，金鼓相闻，烽火连天，太危险了；长安、襄阳也不是他们所向往的地方；唯有长江下游景物繁华的建康（今南京），才是他们选中的对象。抗战派则主张最好还是回到汴京去，可以稳定民心，鼓舞士气。如果一定要迁都，应该选取西北的长安，那里是一个比较适宜于抗击金兵的地方。退而求其次，也只能是襄阳。他们反对迁都建康，认为那是以迁都为名行逃跑之实，其后果不但会严重挫伤军民的抗金斗志，而且必将招致女真贵族的深入追逼。岳飞出于坚决抗金、收复失地的满腔爱国热忱，连续 3 次提出坚守汴京的建议。第一次，当岳飞刚参军不久，还是个小军官时，就向高宗赵构直接上书，不仅反对黄潜善、汪伯彦辈投降派的逃跑主张，甚至对抗战派李纲等人同意迁都的意见也表示不满。他提出了“为今日之计，莫若请车驾（代指高宗）还京，罢三州（长安、襄阳、建康）巡幸之诏，乘二圣（指徽宗、钦宗二帝）蒙尘未久，虏穴未固之际，亲率六军，迤逦北渡。则天威所临，将帅一心，士卒作气，中原之地，指日可复”的积极建议。可是岳飞这个意见触犯了当权的投降派的私利，结果以“小臣越职，非所宣言”的罪名而被夺官归田里（《金佗粹编》卷四）。岳飞被革职后不久又投奔到主张抗战的河北招抚使张所那里。当张所和他一起议论“时事”时，岳飞又一次提出了收复河北全部失地保障汴京安全的建议。他说如果一旦河北不守,“险要既失”,那么汴京这个根本之地也就“莫可保守”，到那时“幸江、幸淮，皆未可知”（《金佗粹编》卷四），抗金战争的形势必将不堪设想。张所对岳飞的这番言论十分赏识。但是在投降派当道的情势下，张所自己也因积极主战，不久被贬谪岭南，岳飞的一番心计当然更加无从实现。第三次,在建炎三年（1129）六月金兵大举南侵时，东京留守杜充胆小怕死，决定不战而逃。岳飞这时正在杜充部下，对杜充自动放弃汴京的错误行为十分气愤，他说：“中原之地，尺寸不可弃。况社稷宗庙在京师,陵寝在河南,尤非他地可比。

留守（指杜充）以重兵硕望，且不守此，他人奈何？今留守一举足，此地皆非我有矣，他日欲复取之，非捐数十万之众，不可得也。”（岳珂：《鄂王行实编年》）强烈要求杜充重新考虑自动放弃汴京的错误决定，并提醒他这个错误决定对整个抗金战争将会带来不堪设想的严重后果。

杜充像

其次，反映在和战问题上，岳飞反对把收复中原的希望寄托于乞和的幻想。对于投降派的所谓议和活动，深恶痛绝。他坚信，只有通过抗金战争，消灭入侵之敌，才能使宋朝再振，中国安强。

绍兴八年（1138），由于女真贵族内部发生权力之争，粘罕失势，挞懒掌权，金暂时放松了对宋的军事攻势，加紧推行“以和议佐攻战”的政治诱降政策。权奸秦桧则以女真贵族代理人身份，包揽和议勾当，大肆出卖民族利益。宋金双方和议使者频频往返。投降派准备签订丧尽民族利益的所谓和议条约，又怕握有重兵的将领反对，赵构便命令韩世忠、张俊、岳飞等人到临安（高宗避祸的地方，今杭州市区）奏报边事，以便亲自出面给他们做一番笼络、软化工作，免得他们从中阻挠和议。岳飞当时任湖北京西路宣抚使，驻军鄂州。他了解到这一命令的真实意图后，极不愿意应诏前往，以“眼目脚疾”为借口，4次上章请求“致仕”，均未获准。当他不得不奉命去临安见赵构时，立即上疏十分明确地表示反对议和。他说：“金人不可信，和好不可恃，相臣（指秦桧）谋国不臧，恐贻后人讥议。”（《宋史·岳飞传》）当岳飞从临安返回前线驻防地后，不但没有因为和约即将签订而产生丝毫麻痹大意，反而积极采取种种措施，加强边防，以应付敌人的突然袭击。绍兴九年（1139），割地称臣的和议条约终于签订，高宗赵构认为从此可以太平无事，稳做他的儿皇帝了，于是扬扬得意地颁布了一道大赦诏书。岳飞接到这道赦书后，当即上了一篇《谢讲和赦表》。名义上这是一篇谢表，实际上却是一份抗议书。岳飞在谢表中写道：“身居将阃，功无补于涓埃！口诵诏书，面有惭于军旅。”“愿定谋于全胜，期收地于两河。唾手燕云，终欲复仇而报国；誓心天地，当令稽颡以称藩！”（《金佗粹编》卷一零《家集》卷一）明确表示：对于赵构、秦桧做成了的这桩出卖民族利益的肮脏勾当根本不予认账。并坚决主张：今后仍然必须以武力打击女真贵族的入侵，不获全胜，绝不收兵！充分显示了岳飞抗战到底的坚强决心。赵构有意议和，想用官位、俸禄来收买人心，把几个大将都进秩一等。授给岳飞的尊贵官衔是“开府仪同三司”“加食邑实封”。将军“开府”是特殊的典数，岳飞的官阶已高到了顶点。可是他非但不以此为荣，相反，在给赵构的奏疏中深有远见地指出：“切惟今日之事，可危而不可安，可忧而不可贺，可以训兵饬士，谨备不虞，而不可以行赏论功，取笑敌人，事关国政，不容不陈。”（岳飞：《奏辞开府札子贴黄》）这对高宗赵构简直是当头棒喝！正反映出岳飞对女真贵族军事侵犯的高度警惕和立足于打的坚定立场。

韩世忠像

再次，反映在对待人民的抗金武装力量上，岳飞始终主动与之联系，积极加以运用。对待人民的抗金武装忠义民兵采取什么态度，投降派和抗战派之间有着根本的分歧。投降派害怕人民的武装力量，视为“心腹之疾”，公然诋毁忠义民兵的抗金斗争是“假勤王之名，公为聚寇之患”（宋·李心传：《建炎以来系年要录》卷一一五），肆意摧残，严加镇压。抗战派则主张联络忠义民兵共同抗金。在南宋初年有名的抗金将领中，不少人都与忠义民兵有直接的联系，如宗泽、李纲、张所、韩世忠等，但以岳飞为最突出，取得的成效也最卓著。

早在绍兴二年（1132），岳飞驻军江州（今江西九江）时，就制定了“连结河朔”忠义民兵共同抗金的战略方针，有意识地把他自己所从事的抗金事业与北方忠义民兵的敌后抗金游击战争结合起来，互为依援。特别是从绍兴四年（1134）恢复襄阳等六郡，积极准备北伐时起，更加主动地注意与北方各地忠义民兵组织的联系；当时也有很多忠义民兵组织的首领、战士先后归属到岳家军内，成为岳家军的骨干，提高了部队的战斗力，对岳家军的北伐战争起过有力的推动作用。如绍兴六年（1136）“太行山忠义社梁兴等百余人慕飞义，率众来归”（《金佗粹编》卷七；《宋史·岳飞传》）。后来，岳飞曾秘密派遣梁兴等渡河北返，“招结两河忠义豪杰之人，相与犄角破贼”。因此，当绍兴十年（1140），岳飞大举北伐时，他能够顺利地取得郾城、颍昌大捷。

3. 收襄阳，战郾城

岳飞不但一贯坚决主张抗金，而且以自己出生入死、驰骋抗金战场的实际行动，与金军浴血奋战，取得辉煌战果。他所领导的岳家军，纪律严明，“冻死不拆屋，饿死不掳掠”，是南宋军队中战斗力最强的一支。

由于岳飞在抗金斗争中立足于打，因此，他不仅没有被貌似强大的敌人所吓倒，相反能够深刻地分析敌人内部的种种矛盾和弱点，不失时机，主动地出击敌人。岳飞和岳家军在抗金战场上大小数百仗，沉重地打击了女真贵族南侵的凶焰，其中以收复襄阳等6郡以及郾城之战的意义最为重大。

襄阳等6郡在地理位置上是一个很重要的地段：西连川陕，东通两淮，南接湘赣，北邻豫南，在战略上更有其特殊重要的地位。从反攻中原河朔方面看，它是最近、最好的基地，离黄河北岸的太行山最近，最易和那里的忠义民兵联络呼应；从防御金兵入侵方面看，它不仅能保障富饶的两湖地区及川陕与江淮的通路，而且能够左右支应，特别是对江淮防区的声援，使这一地段成为全部宋金战线的枢纽。因此，当伪齐军队在绍兴三年（1133）冬侵占这一地带后，曾引起南宋小朝廷的很大震动，而女真贵族为此也曾特派使臣到临安，企图乘机胁迫南宋把长江以北的大片土地划归伪齐。岳飞看清了敌人的阴谋,立即奏请进兵襄阳。他说："襄阳六郡，地为险要，恢复中原，此为基本。"（岳飞：《奏乞复襄阳札子》）绍兴四年（1134）年五月，岳飞满怀豪情率军进发，只经过两个多月的战斗，很快就拿下了这6郡之地。接着在这一地区大规模地实行营田和屯田。经过两三年的努力，不但恢复和发展了生产，提高了生产力，使当地百姓的生活趋于安定，而且解决了当时部队粮食奇缺的困难，使南宋政府每年可以节减一半漕运到那里的军粮。襄阳等地被建设成为可靠的军事基地。

收复襄阳之战的胜利，在抗金战争中具有十分重大的意义，这是南宋建立后依照计划收复既失州郡的第一仗，从此，金军不敢在这里越雷池一步，而岳飞的军队可以进退自如了。岳飞凭借这一战功被任命为"清远军节度使""湖北路荆襄潭州制置使"，而与刘光世、韩世忠、张俊诸大帅处于相等的地位。

郾城之战是宋金战争中最光辉的一幕。绍兴十年（1140）五月，女真贵族撕毁绍兴八年"和约"，动员全部力量，兵分4路大举南侵。结果在南宋军队的全面反击下，这4路金军都打了败仗：东路刘锜所部原八字军大败金兵于顺昌（今福建西北顺昌县），韩世忠渡过淮河收复了海州（今江苏连云港西南）；西路吴璘败金兵于扶风（今陕西宝鸡市扶风县）；特别是居于中路的岳家军，取得了更为辉煌的战果。当时岳飞统率主力部队大举北伐，他首先命张宪攻取颍昌（今河南省许昌市地区），同时收复了蔡州（今河南省汝南县）、陈州（今河南省淮阳地区）等地，又命杨成攻克郑州，派遣张应、韩清攻取洛阳，李兴收复汝州、伊阳，对金军形成了一个袋形的包围圈。郾城就在这个包围圈中，由岳飞自己带着轻骑驻守在这里。金将兀术大为恐惧，亲自率领他的主力军15000骑拐子马前来决一死战，结果被岳家军杀得大败而回。紧接着在小商桥(临颍县南25里）又展开了一场激战，兀术被打得如同丧家之犬，狼狈逃回开封。

郾城之战，歼灭了金军的大量有生力量，使之受到沉重打击，大有利于南宋收复中原的军事行动。后来这一大好的抗金形势虽然被投降派葬送了，但郾城之战在整个抗金斗争中的地位和作用，却是磨灭不了的。

岳飞和岳家军正是在反抗民族压迫的战场上，锻炼成抗金斗争的中心支柱，成为广大军民心目中一面守土抗敌的鲜明旗帜。金军最害怕的也是岳家军，经过反复较量，他们不得不承认“撼山易，撼岳家军难”。这正好从反面证明了岳飞和岳家军在抗金战争中的重要地位与巨大作用。

4. 岳飞之死

就在岳飞一路高歌猛进、奋勇杀敌之时，朝廷内部出现了不同的声音，这种声音使得岳飞率领的岳家军和朝廷最高统治者宋高宗之间产生了君臣嫌隙。

其实，岳飞与宋高宗之间的嫌隙很早已经出现了，再加上奸臣秦桧的挑拨，君臣关系一步步恶化。绍兴七年（1137）二月，岳飞入朝觐见高宗，与高宗高兴地作了《良马对》，后来还跟着高宗去建康，岳飞也因此一路高升，官至荆湖北路、京西南路宣抚使兼营田大使。高宗打算将刘光世（南宋抗金名将）的5万多兵马拨给岳飞，但是被秦桧和张浚（南宋右宰相）阻止了。岳飞一气之下向高宗递上一道辞官的札子，未等批示，便私自离开建康，到庐山母亲墓旁守制去了。高宗立即派人去请岳飞回来。有学者认为，君臣二人之嫌隙，就是自此开始的。

后来，屈己求和的宋高宗在抗金形势最有利时，却重用秦桧，派他向金接通关系。趋炎附势的秦桧不顾国家利益，竟然同意金人将南宋置于金的藩属地位，取消宋国号,并每年向金纳贡。绍兴十年（1140）五月，完颜兀术政变即位，废除了与南宋的议和条约，率军攻打南宋。深切关心国家利益的岳飞立刻挥师北上，与韩世忠率领的部队密切配合，将金军击溃。金兀术侥幸逃脱。这就是前面提到的郾城大捷。

就在郾城大捷捷报上报朝廷的时刻，秦桧暗中作梗，使胜利的捷报变成岳家军不敌金军，请求班师回朝的请求。秦桧策动并唆使谏官罗汝楫向高宗上疏,说:“兵微将少，民困国乏，岳某若深入，岂不危也。愿陛下降诏，且令班师。”（参见邓广铭:《岳飞传》，生活·读书·新知三联书店 2017 年版）就在岳家军进抵朱仙镇，金军即将崩溃之时，岳飞却在一天之内收到 12 道班师回朝的诏令，诏旨措辞严厉：命大军即刻班师，岳飞本人去临安朝见。

此时，接到如此荒唐的诏令，岳飞愤然泣下。然而军令大于山，岳飞不得不班师回朝。

绍兴十一年（1141），金国知道已经不可能再和南宋抗衡，再一次想与南宋议和。宋廷趁机打压手握重权的将领，尤其是坚决主张抗金的岳飞、韩世忠 2 人。张俊、韩世忠、岳飞 3 员大将被调离宋朝军队。张俊在秦桧的指使下，挑起岳家军内部矛盾，达到牵连岳飞的目的。

同年十一月初七，南宋和金朝达成“绍兴和议”，宋向金称臣，岁给金币，并划土地给金朝。

在议和的过程中，岳飞遭受诬陷入狱。然而议和虽然已经达成，但岳飞却始终没有被释放。岳飞遭受万俟卨等逼供，但一直不肯妥协。

一些公正严明的朝廷文武官员为证岳飞的清白据理力争，但均遭到了罢官处分。已赋闲的韩世忠因岳飞入狱之事质问秦桧，秦桧回答："飞子云与张宪书虽不明，其事体莫须有。"世忠愤然道："相公，'莫须有'三字，何以服天下？"（参见《宋史·岳飞传》）绍兴十二年（1142）十二月二十九日，宋高宗下达诏令："岳飞特赐死。张宪、岳云并依军法施行，令杨沂中监斩，仍多差兵将防护。"

可见，关于岳飞的死因，没有人能够给出一个让人信服的理由。可怜当时的一代名将岳飞，北伐事业尚未成功，却被杀害，时年仅 39 岁。岳云和张宪同时被斩首。"天日昭昭，天日昭昭！"是岳飞在供状上留下的 8 字绝笔。

岳飞之死，从古至今都是中国人最为心痛的一件事情。从个人原因来讲，岳飞没有犯任何具体性的错误，而且一生战功那么卓著。可是，南宋朝廷为什么非杀他不可呢？在没有任何理由的情况下，就以"莫须有"的罪名把他给杀害了。今天，看一看杭州西湖边岳飞墓前那几个跪着的铁像就知道了——秦桧、王氏、万俟卨和张俊，他们正是谋害岳飞的主谋者，他们受到的是人民的唾弃与历史正义的审判。

岳飞精忠报国之心天地可鉴，他的功绩永垂不朽。他有着崇高的民族气节，在自身境况艰难的情况下，仍然心怀南宋社稷，坚持不向金朝妥协，联合抗金军民，保住了南宋的半壁江山，使南宋百姓免受金军的蹂躏，从而在一个时期内保住了南宋地区的经济和文化，使其得以继续向前发展。

可以说，岳飞之死，与其说是岳飞个人的悲剧，倒不如说这是整个时代的悲剧。让我们再一次回顾岳飞的那首有名的《满江红》，作为本文的结束语："怒发冲冠，凭栏处，潇潇雨歇。抬望眼，仰天长啸，壮怀激烈。三十功名尘与土，八千里路云和月。莫等闲，白了少年头，空悲切。靖康耻，犹未雪；臣子恨，何时灭！驾长车踏破贺兰山阙。壮志饥餐胡虏肉，笑谈渴饮匈奴血。待从头，收拾旧山河，朝天阙。"

延伸阅读

契丹雄鹰耶律阿保机与耶律德光

唐末五代初期，中原封建割据，战乱不休，千里赤地，遍野哀鸿。与此同时，耶律阿保机（872—926）却领导契丹族崛起于北方草原。他于 907 年即可汗位，力平"诸弟之乱"；916 年统一契丹各部，建立独立的

耶律阿保机像

契丹民族国家。耶律阿保机在建国前后，一方面发展政治、经济、文化，加速契丹封建化进程，提高本民族的文明水平；另一方面领导北方各族人民，共同开拓祖国北方边疆，为民族融合作出了卓越的贡献。

契丹族是我国历史上一个古老的民族，大约起于汉朝末年，到北魏时期中原汉人的文献中才开始出现关于契丹的具体记载。

契丹族的发祥地在今西拉木伦河、老哈河流域及其稍北一带，范围是不大的。阿保机即可汗位后，一边致力于统一契丹各部，一边对周围的奚、室韦、女真、乌古、鞑靼等部族数度用兵，并多次南攻中原，势力范围不断扩大。到911年他的统治区域是“东际海，南暨白檀，西踰松漠，北抵潢水”(《辽史·太祖纪》)。太祖天赞三年（924）进兵吐谷浑、党项、阻卜等部；太祖天显元年（926）初平定渤海国，尽有辽东之地。这样，辽朝疆域除南边外，东、北、西部边界在阿保机时期就大致确定了。辽帝国幅员万里，首先应归功于阿保机。

阿保机所占领的广大区域，民族情况十分复杂，其社会经济发展的水平也不一致，有的还相差很大。对此，阿保机采用“因俗而治”的办法进行统治。这主要可区分为3种情况：

一、设置“头下军州”以处汉人

迭剌部地近汉族聚居区，晚唐时就有许多汉人进入，后来阿保机在征战中又掳来更多的汉人。对于这些汉人，阿保机设置“头下城”让他们居住，并在周围草原上从事农业生产。他们的身份，大部分属于奴隶性质，自动流入草原的则近于农奴。

二、以“国俗”治奚人

奚、室韦的风俗习惯、社会发展阶段大致与契丹相近，阿保机将他们征服之后，就把他们与契丹部落同等对待，用“国俗”（契丹俗）治理。他把奚族分成5部，仍立奚人为奚王，其原有的统治方式基本维持不变，只是命契丹人监督奚人兵马。

三、征服渤海国以后，统治方法又不同于奚区

阿保机将原渤海国号改为“东丹”（似乎与“契丹”相并提），以长子耶律倍为国王（称“人皇王”），并赐给倍天子冠服，建元甘露，称制，置左、右、大、次四相及百官，基本上维持了原来渤海国的状态，只不过是名称做了些改变而已。东丹国可以看作契丹帝国之下的一个自治国家。

这种“因俗而治”的统治方法，实根基于各民族间社会、经济、文化水平的巨大差异。后来，情况发生了许多变化，东丹国取消了，对奚的统治也有变化，在新占领的汉地和原渤海国地区设置了许多州县，但是，“以国制待契丹，以汉制治汉人”(《辽史·太宗纪》)却成为辽朝的基本国策，一直相沿奉行下来。

辽太祖神册元年（916）二月，阿保机采用汉法称帝建元，正式建立起世袭皇权的国家，并以族名为国号，称为“大契丹”（947 年改称“大辽”，983 年又改号为“契丹”，1066 年复改号为“辽”，尽管有这些改动，后世仍统称为“辽朝”，阿保机即为辽太祖）。

原来部落联盟中的军事统领，成为可汗之下职位最高的大臣，总理军国事务；又设南府、北府宰相辅助可汗治理契丹 8 部；迭剌部酋长，不仅统管迭剌部，而且执掌全部兵马大权；惕稳，掌管皇族内部事务；

决狱官，是早就有了的官职；文班林牙，掌管文书。以上这些官员，到后来发展成为一整套北面朝官，负责处理全国一切重大事务，并偏重于治理契丹、奚等族的军民事宜。另外，阿保机又创设了政事令、左尚书、右尚书、汉儿司等官职，任命汉人知识分子为管理汉族人民事务的朝官，后来发展成为南面官制。辽朝因俗而治的南北面官制是在阿保机时期开始建立的（参见李有棠：《辽史纪事本末》，中华书局 2015 年版）。

辽太宗（902—947），名耶律德光，字德谨，契丹名尧骨（或译“耀屈之”）。从小很受父亲阿保机的喜爱，经常跟随父亲出征。天赞元年（922）冬，阿保机任命他为天下兵马大元帅，引兵征伐蓟北。第二年春，攻破平州（今河北卢龙），俘获刺史赵思温等。返回朝时，辽国内部发生了奚人胡逊（“逊”或作“损”）的叛乱，他指挥大军擒杀胡逊及其部属约 300 人。太祖天赞三年（924），他又跟随辽太祖西征。天赞四年（925）冬和天显元年（926）春，又跟随阿保机征讨渤海国，随后又讨伐其他府州。由于立下赫赫战功，母亲述律后才对他另眼相看，在继承皇位的问题上全力支持他，反对喜欢汉族文化的长子耶律倍继位。

阿保机去世后，推选新皇帝的仪式由述律后主持，她建议耶律德光继任皇位，很多大臣也赞同。所以在举行了传统的燔柴礼后，耶律德光正式成为契丹的新

耶律德光像

皇帝。耶律德光即位后为巩固自己的地位和权力，为防范其兄长耶律倍的抢班夺权，做了不少努力。

首先，为巩固自己的帝位，极力打压耶律倍等异己势力。毕竟他能成功当上皇帝靠的是母亲的支持，有些大臣是反对的，尤其是他的哥哥耶律倍，十分不服气。阿保机曾经立耶律倍为太子，所以耶律德光一直把耶律倍当成头号政敌。他采取一系列手段巩固帝位，打压耶律倍，直到后来耶律倍逃到了后唐。耶律德光经常检阅士兵和部族，防止耶律倍等异己势力的渗透，目的是通过加强对军队的控制，从根本上巩固帝位。

其次，对耶律倍管辖的渤海国严加防范。耶律德光为了削弱他们的力量，趁耶律倍不在京城属地，迁移了大量渤海国的居民，再把渤海国的政治中心转移到距离契丹很近的地方，既可以让它的国土面积大大缩减，也便于自己对它的监视和控制。

另外，谨慎防范耶律倍势力坐大，拉拢分化耶律倍的力量。为了进一步防范耶律倍，他两次去哥哥府上，佯装兄弟和好，实则是为了打探消息。耶律倍在京城时，他趁机去渤海国拉拢耶律倍的下属，想策反他们忠于自己，帮自己对付耶律倍。在耶律倍和他的下属准备回渤海国时，耶律德光又趁机把耶律倍的下属召进宫宴请他们，目的也是为了进一步笼络人心，分化耶律倍的力量。

间隔不久，耶律德光又下了狠招，他立自己的弟弟李胡为皇位继承人。面对耶律德光的挑衅，再加上那么多次明里暗里的进攻，耶律倍忍无可忍，也为了保护自己，他就渡过渤海投靠了后唐。耶律德光花费那么多心思无非就是为了防止耶律倍夺权，这下他也算达到了目的，最后终于把自己的哥哥逼走了。耶律倍庆幸的是，耶律德光没有对他下黑手直接处死。想当初，阿保机也是这样，第一次兄弟反叛时，也是没有把他们直接杀死，还赦免了一些人，后来阿保机才开始杀人，但是对于首犯也不斩首，只是处以杖刑。

基本稳定了自己的帝位后，耶律德光开始进攻汉族地区，掠夺奴隶、财富。后唐清泰三年 (936)，河东节度使石敬瑭起兵谋反，被后唐的军队围困在太原 (今山西省太原市)。石敬瑭走投无路向契丹求助，耶律德光派兵帮石敬瑭脱困后还帮他灭了后唐。他对石敬瑭说：“我远在三千里之外，现在千里迢迢带兵助你大胜，还彻底灭了后唐，这是天意如此。这样吧，南边的土地分给你，你就世世代代做我的属国吧。”于是，后唐改为后晋，石敬瑭被封为“大晋皇帝”，并割地“燕云十六州”给辽国。耶律德光还设立了两套统治机构，“北面官”系统管辖契丹及其他游牧民族，“南面官”系统管辖“燕云十六州”等地区的汉族居民（参见剑楠：《中国历代帝王》，吉林大学出版社 2011 年版）。

石敬瑭死后，他的侄子石重贵继位，称晋出帝。但是出帝不想向契丹称臣，只肯称孙。耶律德光知道后非常生气，就派兵攻打后晋。辽太宗大同元年（947），他亲自率兵攻克了汴京，后晋灭亡。

辽国的军队在中原地区烧杀抢掠，造成满目疮痍，民不聊生，中原的军队拼死抵抗，袭击、围攻辽军，后来把曾经被辽军侵占的地区一一夺回，打得辽军节节败退。耶律德光感叹道：“真是没想到，汉人这么难对付！”同年四月，耶律德光被迫撤兵，可是他心里并不服气。回去的路上，他心存不甘，满腹气恼，最后气出了病。刚到栾城，病情急转直下，没过多久就去世了，享年 45 岁。因为天气炎热，他身边的部下为了防止尸体腐烂变臭，于是开膛剖腹，把他的内脏挖了出来，为尸体清理体腔，并塞进去几斗食盐，最后急急忙忙把尸体运了回去。对于这具尸体，中原地区的人们讥讽它是“帝粑”。

耶律德光的尸体运回辽国之后，被葬于怀陵。

北宋著名的爱国重臣——洪皓

洪皓（1088—1155），饶州乐平（今江西省乐平市）人，生于北宋哲宗元祐年间，卒于南宋高宗绍兴时期，是北宋著名的爱国重臣。他年少得志，27岁时，即徽宗政和五年（1115）中进士，曾任台州宁海主簿、秀州（除海宁外今嘉兴地区）录事参军等职，也是著名词人。洪皓生8子，尤以洪适、洪遵、洪迈闻名天下，世有“三洪”之称，与北宋苏洵、苏轼、苏辙父子“三苏”齐名。宋高宗曾称赞洪皓：“卿忠贯日月，志不忘君，虽苏武不能过。”（《宋史·洪皓传》）后来被世人称为“宋之苏武”。

1. 洪皓不降

南宋是中国历史上孱弱的朝代，在北方金政权的威胁下，步步退缩，委曲求全。但是在同金的交往中，却出现了一位汉朝苏武式的外交使节洪皓。

在南宋建立的第三年，即高宗建炎三年（1129），金朝贵族以完颜宗弼（兀术）为元帅长驱南下，一路烧杀，攻破南宋政权所在地杭州。赵构乘船逃走，漂荡在海上数月。只是由于大江南北军民的奋勇反抗和牵制，才迫使金兵北撤。

洪皓就是在这年被任命为“大金通问使”，组成13人使团，拟迎被金人掳走的宋徽宗、宋钦宗的两皇后返宋。他们一行途经太原时即被扣留，一年后送至云中（今山西大同）。金朝贵族强迫洪皓到金朝扶植的伪齐傀儡政权中去做官。他誓死不从，声言“不愿偷生鼠狗间，愿

洪皓像

就鼎镬无悔”(《宋史·洪皓传》),因此被流放到冷山（今吉林）。他在冷山度过了漫长而备受凌辱的 10 年。

冷山气候酷寒，四月草始生，八月而雪。洪皓凭着一腔爱国热情，经受住了恶劣气候的考验。天气寒冷，常以马粪取暖。不畏金人的威逼利诱，置生死于度外。他在冷山期间曾作诗千首，表现了强烈的爱国热情。在漫长的羁留生活中，不管是高官厚禄的引诱，还是砍头的威胁，以及流徙生活的折磨，他始终不向金朝贵族屈服，表现出大义凛然的民族气节。他还利用各种机会向南宋秘密递送情报，请求“复故疆，报世仇”，恢复国家统一（参见郑彭年 :《丝绸之路全史》，天津人民出版社 2016 年版）。

南宋绍兴十年（1140），洪皓被送往燕京。金熙宗赏识其才华，欲授为翰林直学士，他又力辞之。到了燕京的洪皓更时刻萦怀宋朝父老乡亲的命运，曾冒着生命危险，9 次派人向南宋提供极为机密的军事情报。

2. 坚守臣节

洪皓是一个十分有气节的人，被困金国 15 年，但他誓不投降，宁愿过着艰苦的生活，也绝不侮辱南宋使臣的气节。他有着强烈的民族感，而南宋初期，是一个无数的文臣武将都会选择投降的年代，相比之下，更是体现出洪皓的难能可贵。

当时的形势是：金朝内部的矛盾越来越突出，宋朝人民的反抗情绪也日益高涨。金国于是转变策略，不再实施强硬的军事进攻，而是开始采取招降政策。南宋的统治者其实一直都有投降的意思，于是他们一拍即合，还趁机排斥朝廷内部的主战派。

绍兴十二年（1142），经历重重波折，议和最终达成，宋高宗向金国称臣，每年需要向金国进贡25万匹绢和25万两白银，割让淮水以北的全部领土给金国，而金国也同意将宋高宗母亲韦后放回，将宋徽宗和郑皇后尸体还给他们。四月，南宋派信安郡王孟忠厚等为使者前往金国将他们迎了回来。

洪皓被扣在金国那么长时间，期间转移过很多的地方。最开始在太原，后来被转到云中，第三次又把他迁移到冷山，第四次就送到了燕京，但是后来又被送到云中。他的心情类似战国时期的屈原，都是虽然惨遭流放，但心系故国。他在异国第12年时，曾作词："冷落天涯今一纪，谁怜万里无家？三闾（指屈原）憔悴赋《怀沙》。……何时还使节，智雪看梅花？"（洪皓：《临江仙·怀归》）梅花，有着一种傲雪的风骨，诗中的梅花，代表的自然就是一直支撑着他的民族气节和对自己故国深深的爱。

绍兴十年（1140），宗弼又一次发动全部金兵南侵，狂妄扬言：“江南军队都是败亡之众，大军一到，他们君臣就要心破胆裂，连哀鸣也来不及，好像曾被射中的鸟，听见弦响就会跌下来的。”然而广大南宋军民的铁拳，却粉碎了他的美梦。刘琦“顺昌大捷”，岳飞“颍昌大捷”，杀得金军人仰马翻；太行山和两河地区人民义军纷纷响应，抗金斗争出现空前大好形势。

3. 提供机密情报

洪皓在这年给南宋的情报中说：“顺昌之役，金人震惧夺魄。燕山珍宝尽徙以北，意欲捐燕山以南弃之。王师亟还自失机会，今再举尚可。”（《宋史·洪皓传》）

次年又送回情报说：“虏已厌兵，势不得久，异时以妇随军，今不敢携。朝廷不知虚实，卑辞厚币，未有成约，不若乘胜进击，再造犹反掌耳。”（《宋史·洪皓传》）他指出，这时已是金朝贵族害怕宋人，是恢复国家统一的大好机会。然而南宋统治者却是满脑子投降主义，正蓄意对抗战派进行迫害。

金贵族逐渐知道了南方军民不可战胜，而南宋统治者愿意投降，于是派遣叛徒秦桧到南宋充当内奸。金朝的档案说：“天会八年冬，诸大臣会于黑龙江之柳株，陈王室忧宋氏之再隆，其臣如赵鼎、张浚则志在

秦桧像

复仇，韩世忠、吴玠习知于兵事，既不可以威取，复结怨之已深，势难先屈，阴有以从，遂纵秦桧以归。”（张师颜：《南迁录》）

北宋末年，秦桧担任御史中丞，在靖康二年（1127）的时候被金国掳走，成为俘虏，后来金太宗弟挞懒对他十分信任。建炎四年（1130）他跟随金军去楚州（今江苏淮安）的路上，金太宗派他回宋国为自己刺探情报。秦桧回到宋国时，骗宋高宗说自己是奋力杀死看管自己的士兵，抢了一条船逃回来的。宋高宗不疑有他，对秦桧更加宠信，两度任命他为丞相。秦桧借着权势，一直都主张议和，而且还丧心病狂地迫害所有主张抗战的人。

绍兴八年（1138）和绍兴十一年（1141），宋金进行过两次议和。南宋政权中投降派对反对议和的人进行迫害。第一次议和后，由于金朝贵族片面毁约南侵，抗战派一度再起，取得鼓舞人心的战绩，然而由于投降派出卖，战果再度丧失。

在进行投降活动的同时，南宋政权正式定都杭州，在那里大造宫室园林，歌舞升平；而清醒的爱国者坚持与妥协投降倾向进行斗争，两者形成鲜明的对比。

4. 全节返宋

南宋绍兴十三年（1143）五月，金朝贵族头子金熙宗生子大赦，洪皓才得以释放南归。他上路后，金人后悔，派骑兵追赶，不及。一路归来，他想到被扣15年，侥幸得返南方，但见国家依然分裂，中原人民仍受着金朝贵族的奴役，感慨万千。“……客程恨不日千里，归思乱如云一川。故国伤心那忍说，遗民望眼几回穿。当家旧事堪垂泪，海上看羊十五年。”（洪皓：《鄱阳集·奉使燕山回早行书事》）这是他归途中的诗篇。

返国后，宋高宗在内殿召见，称他“虽苏武不能过”。一到南宋，洪皓便和投降派展开面对面的斗争。他揭露了金贵族与秦桧勾结之隐情，当即被贬逐出京，不久又流放到英州（今广东英德）看管。“半世囚拘愧牧羊，生还四载却投荒”（洪皓：《鄱阳集·过曹溪》），是他一生境遇的真实写照。

洪皓作为南宋执行外交使命的官员，身陷敌营15年，坚贞不屈，始终如一，忠于职守，忠于国家，犹如汉朝的苏武。然而洪皓回到故国却因坚持卫国抗敌主张，再遭投降派的陷害贬放，仍不改初心，令人扼腕钦惜。

延伸阅读

宋代华侨的发展与华侨群体

到了宋代（960—1279），中国和东南亚各国人民的友好往来与经济、文化交流比前代更为频繁，互相了解的程度又加深了。

唐代东南亚各国的商船到广州、泉州、扬州、明州、交州贸易的很多。唐朝在有海外贸易地方，设有市舶司来管理关于外国来航之贸易船与贸易商人的一切事务。东南亚商人来中国日多，而中国人到东南亚的也不少。朱彧《萍洲可谈》卷二说：“北人（中国人）过海外，是岁不归者，谓之住蕃。诸（蕃）国人至广州，是岁不归者谓之住唐。”因为来往于中国和东南亚的都是帆船，故必须依赖风向，即季候风。自南海至中国者，须在发西南风之旧历四月末至五六月之间。反之，自中国往南海者，则须在发东北风之十月末至十二月之间。所以两国商人因候风向至隔年才返者很多。东南亚人民有留居中国5年10年不去的，甚至有五世长住于中国的。东南亚方面当然也有久居的华侨，特别在宋代更为明显。

宋代始有记述东南亚国家的书出现。例如周去非的《岭外代答》10卷就有1卷记载越南、柬埔寨、缅甸、印尼等国，赵汝适的《诸蕃志》也是记述东南亚各国风土物产的书籍。赵汝适曾任提举福建路市舶司，书中材料大部分是向海商调查访问的结果。其中有一条材料对于华侨史十分重要。他说：“蒲甘国有诸葛武侯庙。”蒲甘在今缅甸。今之缅甸古代分为二国，北曰缅，南曰白古。9世纪初期，缅甸迁都蒲甘，故宋代典籍即以蒲甘名其国。蒲甘国有诸葛武侯（诸葛亮）庙，可以证明三点。第一，此庙一定是华侨们建立。第二，庙的建立年代可能在唐宋之间。第三，立庙必须有人侍奉香火，不能绝祀，可见华侨在缅甸的众多，否则不能长期维持这个庙宇。

宋代中国与东南亚海岛国家的贸易往来最多的还是印度尼西亚。印尼在唐代曾崛起，以苏门答腊为都，雄踞巨港附近，控制马来半岛的大国室利佛逝，到宋代又称三佛齐。据印尼史家考证："迦吒诃国（夏连特拉家族在爪哇建立的王国）位于现在的慕阿拉、达固斯地区，监巴尔河流域。迦吒诃王国征服了吉打、克拉地峡和全马来半岛。在903年或904年征服了室利佛逝王国，从此以后，这两个王国总称为三佛齐。"（转引自田华杰：《华侨华人对南海区域的历史贡献》，海南师范大学2016年硕士论文）

三佛齐与中国往来很密切。有宋一代，三佛齐国遣使来华进行朝贡贸易有20多次。宋朝收到他们礼物后，每优赐遣归。两年间赐钱64000缗，银10500两，可谓厚往薄来了。同时阇婆国亦优待中国人。"中国贾人至者，待以宾馆，饮食丰洁。"英国学者温斯泰德评三佛齐人变质而沦为海盗时说："当时三佛齐的人民将农业和正当的工作留给中国人去做，到后来中国人也腐化了，于是这一大帝国的都城都变成海盗的渊薮。"如果温氏的话确有根据，那么，当时必有许多华人从事农业和正当工作，而这些事是三佛齐人所不愿意干或不能干的。这又是宋代中国人久居于印尼之证。

宋代越南虽自立国，但仍与宋朝保持藩属关系，两国人民因交通比较方便，相互来往和移居的情况不减前代。编正史者视为当然，亦不详细记载。因为这个地区的经济和文化都与中国有密切关系，与远方的岛国不同。越南北部与中部自秦汉以来，其人民受中国教育，习中国文字。独立后，其一切行政组织、教育和科举制度，均模仿中国，甚至以汉文为官方及文学著作的通用文字，直至清末。在这种历史情况下，越南当地人民与华人久已杂处，越南的华侨问题反而不大受人注意。但仍有个别作者提到中国人移居越南的事实。例如郑所南《心史》说："诸文武臣，流离海外，或在占城，或婿交趾，或别流远国。"即指宋末的遗臣在国内不能立足，流寓于越南等地，其人数当不少。安南（今越南北部）虽然在宋代称藩于中国，可是叛服不常。景祐三年（1036）和景祐四年（1037）两次侵略我国南部的邕州与钦州，并俘虏大批吏民入安南，朝廷有旨切责，勒令送还掠去的人口。"始约归二州官吏千人，久之，才送民二百二十一口。"安南屡次掠夺的中国人口是难以估算的。二州的官吏归还的已有1000人，则平民被掠去的定多几倍，而平民归还只有200多人，可见拘留在安南境内的远不止此数。这些没有被放还的华人，就是被迫而成为安南华侨了。越南邻邦的占城（旧称林邑，又称环王，唐末称为占城，今越南河静、平顺两省的中圻、顺化、平定等地）也有不少宋人移居。例如《大越史记》记载："李神宗大彰宝嗣四年（1136）时帝病笃，医治无效。明空（华僧）治之，愈，拜为国师。"这是中国人移居占城的一个例子。

宋卡的景色

占城既有不少华侨，则与占城靠近的暹罗，也必然有华侨了。中国在隋代已同暹罗发生外交关系。《隋书》卷八二提到的赤土国，据当代学者考证，认为在今泰国南部的宋卡及北大年一带。隋炀帝曾派常骏、王君政等出使赤土，建立了外交关系。

赤土国至唐已衰落，中国史籍不载其名。代之而起的是堕和罗国。它和唐朝交换礼物，建立邦交。堕和罗，据考证，其地在今泰国南部地峡以北，其国都即今佛统。

宋代出现了泰国中部以今华富里为中心的罗斛国。中国泉州港有航线直通暹罗湾，沿克拉地峡东岸而入罗斛国，罗斛国屡派使者来宋进行朝贡贸易，两国商人的往来更不在话下了。长期流寓罗斛的亦大有人在。例如南宋的宰相陈宜中就于宋元易代之际，因避兵而取道占城转入湄南河上游的暹国，终老于其地。

综而论之，唐宋间中国人流寓于东南亚各国大约有三种原因：第一，因经商留在该地，适应当地条件，生活遭遇较好。第二，被掠夺或被强制而长留在该地，例如《岭外代答》说："东南海上，有沙华公国（菲律宾的三宝颜地区）。其人多出大海劫夺，得人缚而卖之阇婆。"中国海商也可能有此不幸的遭遇。上文谈到安南掠夺邕钦二州的官吏和人民，不肯归还，也是属于这类。第三，因避祸逃兵而入东南亚各国的，这种情况几乎历代多有，上文已有举例，近代太平天国余部于革命失败后，不少人逃入暹罗及其他东南亚地区是其佐证。

12 世纪，中国人往来流寓东南亚之多，自然有它的历史背景和经济原因。

宋朝在宋高宗赵构统治下，迁都临安（杭州），史称南宋。政治经济的重心既已南移，北方汉人亦大量南迁，使南方经济得到进一步的发展，特别是手工业和商业。海上交通和海外贸易的发达，促进了造船业的进步。周去非《岭外代答》说：航行南海的船舶舵长数丈，一船载几百人，积一年粮食，还能在船上养猪和酿酒。航行大海中，将续使用指南针（罗盘）来导航，不致迷失方向。这都是海外贸易的有利条件。

南宋在抗战时期，为了增加财政收入，鼓励海外贸易，以广州、泉州和明州为三大贸易港。广州在唐代北宋时，已经是外商云集的最大港口，南宋时更为发达。据 1140 年的记载，一年收税 110 万贯。泉州在南宋时发展成大港，外商侨居在泉州甚多。南宋输出到东南亚各国的商品，主要是瓷器和各种丝织品。《诸蕃志》记载，自东南亚至非洲有 16 个国家购买宋朝瓷器，铁器和漆器亦大量销往海外。我国出口的商品都是生活必需品，对于提高当地人民的生活水平是有帮助的。所以我国各种手工业品普遍得到东南亚人民的喜爱，而携带这些物品的中国人也同样受到东南亚人民的欢迎和尊重。除日用品外，输入东南亚的还有金、银和铜钱。中国商人本来用这些来交易土产，但不久它们就成为普遍流通的当地货币，有些当地居民甚至珍藏起来，作为纪念品或美术品。中国农业技术也跟着华人的到达而输入东南亚各国，如蔬菜瓜果的种植之类。此外，中国人所用的大秤，由于携带和使用方便，在印尼广泛使用，对于印尼的度量衡制度不无影响。

印尼史家陶威斯·德克尔在《印尼史纲要》一书中写道："我们的祖先是向中国学习用蚕丝纺绸的，不久，我们自己也会纺绸了。"

在经济和文化交流方面，东南亚各国人民对中国农业生产的发展，也有推动作用。占城稻成熟早，抗旱力强，并且“不择地而生”，易于普遍种植。北宋大中祥符四年（1011），福建取占城稻种 3 万斛，分到江、淮、两浙路去种，这是互利互助的一个例子。

崇汉的金朝开国皇帝——完颜阿骨打

完颜阿骨打（1068—1123），完颜部的首领，建立金国的皇帝，汉名是完颜旻。他的祖父是虎水（今黑龙江省哈尔滨东南阿什河）女真族完颜部酋长乌骨迺，父亲是劾里钵，他是家中次子。完颜阿骨打骑射之术十分厉害，而且力气非常人所及，是女真部的伟大首领和颇有作为的领袖，对金朝灭亡辽朝，实现北方的统一，以及对促进中国北方地区社会稳定和经济发展，具有奠基者的作用和意义。他一共在位 9 年，去世的时候只有 55 岁，谥号“武元皇帝”，庙号“太祖”，史称金太祖。

1. 能征善战

女真族是我国东北古老的少数民族之一。他们长期生活在黑龙江、松花江流域和长白山麓的“白山黑水”地区，系唐朝黑水靺鞨的后裔，契丹建国后从属于辽朝的统治。从这时起，黑水靺鞨便以女真的名称见称于世。

女真族在长期的发展过程中，深受契丹贵族的种种奴役和残酷压迫。阿骨打继任部落首领后，积极做好抗辽的准备。他发动女真人“力农积谷，练兵牧马”（宋·徐梦莘:《三朝北盟会编》），并积极统一内部。在统一诸部的过程中，“好则结为亲，以和取之，怒则加以兵，以强夺之”。各部的统一，加强了完颜部的武装力量。经过一年多的准备，对辽朝内部虚弱情况也更加了解，反辽的时机成熟了。

完颜阿骨打像

辽天庆四年（1114）九月，阿骨打会集各路人马在拉林水举行反辽誓师。阿骨打历数辽朝罪状，说：“我们世事辽国，恪守职责，有功于辽，但辽国对我们有功不赏，反而侵夺侮辱我们。对罪人阿疏，无视我们的要求，不肯放他回来。今天问罪于辽，请天地保佑。”阿骨打还告诫诸将士：“你们要同心协力！凡有功者，奴隶、部曲释放为平民，庶人加官；原有官职者，可根据功劳大小升迁。如违背誓言，要处死刑，对于家属也不宽容。”（引自范文澜、蔡美彪：《中国通史》第三卷，人民出版社 1995 年版）一时间，群情激昂，士气高涨。

阿骨打率精兵 2500 人，奔袭混同江边的辽朝东北边防重镇宁江州（今吉林扶余东南石头城）。在进军宁江州的战斗中，阿骨打身先士卒，指挥若定。女真将士同仇敌忾，奋勇争先。契丹军一触即溃，纷纷逃命，相践踏而死者十有七八。十月，攻克宁江州，士气倍增。十一月，辽朝数万大军与女真军会战于出河店（今黑龙江肇源县西北）。当时大风四起，沙尘蔽天，英勇的女真军乘风暗渡混同江进击，大破辽军，俘获车马兵甲无数。辽军“士无斗志，望风奔溃”（《辽史·天祚皇帝本纪》）。女真军又乘胜攻克咸（今辽宁开原）、宾（今吉林安东北）、祥（今吉林农安）3 州，在辽朝东北边境建立了据点。这时，女真军迅速扩大，兵力增加到

10000 余人，军势更盛。同时，铁骊、兀惹二部也接受了阿骨打的领导，加入了反辽战线。

战争开始时，辽朝兵力远远超过女真人。由于阿骨打领导的抗辽战争是正义的，是为民族解放而战，所以得到了女真各部人民的大力支持，故能以少胜多，百战百胜。

辽天庆五年（1115），阿骨打在初期反辽的胜利声中，采纳汉族地主阶级知识分子的建议，在诸将拥戴下，称帝建国。他说："辽以镔铁为号，取其坚也，镔铁虽坚，终亦变坏，惟金不坏不变。"于是称国号为"大金"，以会宁（今黑龙江阿城县南）为都城，建立金朝。阿骨打就是金太祖。

金政权建立的当年，辽朝内部矛盾重重，各族人民反辽起义不断发展，阿骨打趁此机会，不失时机地向辽朝发动了一系列的军事进攻。

辽天庆五年（1115），金太祖率军在达鲁古城击败辽行军都统耶律斡里朵，接着又大败辽将张琳于涞流河（今拉林河）。九月，阿骨打的骑兵便攻占了辽朝的北方军事重镇黄龙府（今吉林农安）。天庆六年（1116）正月，渤海高永昌据辽东京起兵反辽，辽天祚帝派张琳镇压。张琳募辽东两万饥民进攻东京城。高永昌向金求援，金太祖阿骨打乘机进兵，击败张琳，攻下东京城。高永昌也为金军所擒，东京等 54 州皆为金朝所占有。

张琳失败后，天祚帝命耶律淳为都元帅募军抗金。耶律淳招募辽东饥民 28000 人，组成“怨军”，另外又选燕、云、平几路禁军并募兵数千人，也编入怨军，共 30000 余人。天庆七年（1117）十月，在徽州（今辽宁阜新市）东，耶律淳与金军相遇，怨军“皆无斗志”“未阵而溃”。十二月，耶律淳的“怨军”与金兵大战于蒺藜山，“怨军”又大溃。

宋重和元年（1118），北宋遣赵良嗣从山东登州过海到东北使金，金也派人使宋，商议攻辽问题。宋宣和二年（1120），最后商定，宋、金夹攻辽国。长城以北的中京，由金军负责攻取；长城以南的燕京，由宋军负责攻取。夹攻辽朝胜利后，燕云地区归宋，宋将原来输辽的岁币如数转送给金国。这就是历史上宋、金“海上之盟”。

同年四月，金兵向辽上京进发，金太祖亲自督战。早晨发动进攻，不到中午，即攻下上京城，辽上京留守投降。天祚帝逃往西京，金兵胜利班师，辽朝疆土已被金兵占领过半。辽保大元年（1121），辽都统耶律余睹来降，金太祖从而进一步得知辽国内部空虚，决定再度发兵。金太祖以完颜杲为内外诸军都统，以完颜昱、宗翰、宗干、宗望为副，统领大兵进攻。金太祖下诏说：“辽政不纲，人神共弃，今欲中外一统，故

辽中京遗址

命汝率大军以行讨伐。”（引自范文澜、蔡美彪著：《中国通史》第三卷，人民出版社 1995 年版）明确把夺取辽朝领土作为这次作战的目的。

金天辅六年（1122），金完颜杲攻下辽中京（大定府），进据泽州，辽天祚帝逃往鸳鸯泊（今河北张北县西北）。完颜杲和宗望分道向鸳鸯泊进击，天祚帝又逃往西京（今山西大同）。金兵攻占西京，进而招降天德、云内、宁边、东胜等州，天祚帝逃入夹山（今内蒙古萨拉齐西北）。

同年六月，金太祖亲自率兵出征，从上京到大鱼泊，一路追击天祚帝。完颜昱和宗望部已经追上了天祚帝，但是遇到了辽国的军队，两军大战，他们把辽军打败之后，才发现天祚帝趁机逃跑了，但是归化和奉圣这二州相继投降。当金太祖率领军队到达奉圣州后，蔚州辽臣闻讯赶来，自愿归顺金国。十二月，金太祖率军向辽的燕京（今北京）进发，宋军自燕京南路配合攻辽。左企弓、虞仲文开城降金，金太祖入燕京城，接受官员们朝贺，金兵获得大胜。

金天辅七年（1123），金兵将燕京的工匠和财宝等掳掠一空，然后按约将燕京六州之地交给宋朝。宗望、斡鲁等继续追击天祚帝，金太祖领兵回师。同年八月，金太祖在返回上京（遗址在今内蒙古巴林左旗林东镇南）的路上病死（参见蔡美彪：《中国通史》，人民出版社 2009 年版）。

2. 建立金朝

没有对辽的战争，就没有金朝的建立。金朝建立之初，还没能形成完整的国家制度。不过阿骨打在位时，已经初步建立起军事政治制度。金国建立后，阿骨打自称皇帝，确立了皇权的统治。虽然皇权的继承仍以推选为特点，但实际上已完全掌握在阿骨打家族手中。

金国军队的控制权仍然还是交给了猛安谋克，但是这种安排已经打破了传统的古老部落、氏族组织，成为了由女真大小奴隶主统率的军事编制。金太祖拥

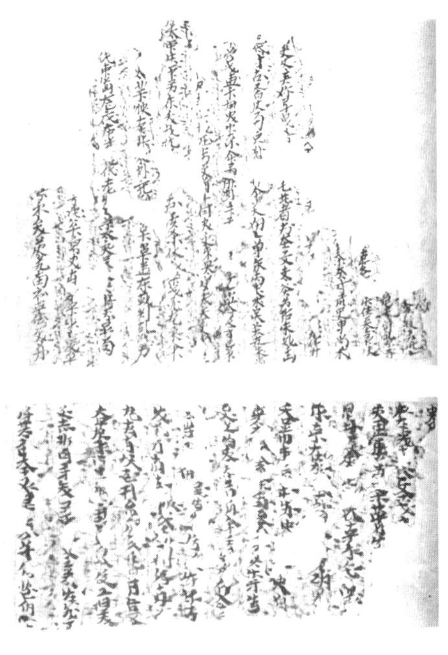

女真文字

有对军队的最高权力，如果发生战争，皇帝可以直接调遣各部落的军队，任命将帅，指挥作战。

金太祖对部落的管理，没有出台完整的法律制度，但是建国前后，他不间断地颁发过几条法令，都是通过维护平民的利益来减少反抗，最终达到巩固奴隶主利益的目的。

建国之后，文字必不可少，所以金太祖下令让完颜希尹创制女真文字，后来在金天辅三年（1119）的8月正式颁布实施,成为全国通用文字。女真文字的创制，是女真族、契丹族、汉族文化交流融合的典型例子。

完颜阿骨打是伟大的首领，他带领女真族建立了金朝，打击了辽国对金的侵犯，让女真族自此进入了全新的发展时期。

延伸阅读

宋代的航运贸易与民间商贾的兴起

宋元时期，就总体而言，无论内河航运还是海洋航运的繁荣程度均远胜隋唐，是中国古代航运历史上的全盛时期。这种态势的出现，是由各种国内外因素促成的。其中最重要的是，宋元两个时期的统治阶级从当时特定的历史背景出发，积极采取了注重经济内涵的航运贸易政策，使发展航运事业成了稳定政局、维护统治、活跃经济、扩大影响的既定国策。

后周的禁军统帅赵匡胤在建隆元年（960）发动“陈桥兵变”，最后推翻了后周的政权，建立了北宋，并定都汴京（又称东京，今河南省开封市）。之后近 20 年，他收复大量失地，实现了国家的部分统一。可是北宋时期，各种社会矛盾都在不断激化，尤其在黄河以北的地区，辽国、金国、西夏无时无刻不在威胁着北宋的政权，北宋为了苟且偷安不断地割地赔款。为了维持国家经济、追求奢侈享受，北宋历朝十分注重发展航运贸易，鼓励“商贾懋迁”“以助国用”（《宋会要辑稿·职官四四》）。为改变漕粮北运常有的官员消极怠工、拖延运期等现象，开始允许官船载运私货。起先“诸应乘官船者，听载衣粮二百斤”(《唐律疏议·杂律》),后期又再次做出让步，“许令只装一半官物，余一半即令乘载家计物色”。允许官船参与商业贸易，提高了漕运官员和船工的积极性，进一步促进了内河商业贸易的繁荣。在海外航贸方面也着力有所作为，宋太宗雍熙四年（987）五月,朝廷就“遣内侍八人赍敕书、金帛，分四纲，各往海南诸蕃国，勾招进奉，博买香药、犀、牙、真珠、龙脑”。宋神宗在总结五代十国的历史经验时说：“东南利国之大，舶商亦居其一焉，昔钱、刘窃据浙广,内足自富,外足抗中国（指中原地方政权）者，亦由笼海商得术也。”所以，他要求臣下“创法讲求”，积极推动对国外的航运贸易，以期“岁获厚利，兼使外蕃辐辏中国，亦壮观一事也”（清·徐松：《宋会要辑稿·职官四四》）。

靖康二年（1127），代辽而起的金朝攻陷汴京，北宋告亡。同年，宋钦宗之弟赵构在南京（今河南省商丘县）即位称帝（宋高宗），次年南渡并定都临安（今浙江省杭州市），史称南宋。由于边患紧张、国土日蹙、国库匮乏，为维持统治阶级的豪华挥霍以及庞大的官僚机构和军用开支，南宋政权更是竭力推进航运贸易和市舶管理，宋高宗就直言不讳地说过，“市舶之利最厚，若措置得当，所得动以百万计，岂不胜取之于民？朕所以留意于此，庶几可以少宽民力”。“少宽民力”

云云，当然是欺世之谈，但“留意”“动以百万计”的“市舶之利”却是言者心声。为使“市舶之利，颇助国用”，他一改曾欲限制市舶贸易之初态，敕令“宜循旧法，以招徕远人，阜通货贿”（清·徐松：《宋会要辑稿·职官四四》）。

宋钦宗像

南宋历届政府还积极鼓励有雄厚资金实力的豪家大姓以私商身份打造船只、购置货物、招聘船员，前往海外经营，并制定了有关的奖惩与税收制度。凡能“招诱舶货”的本国纲首（船长）与积极运货的外国海商，都“补官有差”；凡“亏损蕃商物价”，影响航运贸易者，俱以降职处罚。值得一提的是，宋朝政府为加快远洋船舶周转率，增加海运收入，还于隆兴二年（1164）制定了“饶税”政策，其中规定，“若在五月内回舶，与优饶抽税之，如满一年，不在饶税之限；满一年以上，许从本司追究”（马端临：《文献通考》卷二十）。正是在这些积极发展海外贸易政策的驱动下，宋代航运业呈现出千帆竞发、百舸争流的兴盛景象（参见郑彭年：

《丝绸之路全史》，天津人民出版社 2016 年版）。

元至元十六年（1279），元军攻灭南宋，统一全国。元世祖以空前辽阔的疆域及远播欧、亚、非的强大国威为背景，使中国古代航运事业继续保持鼎盛的发展势头。起自蒙古草原游牧部落的元朝统治者，历来注重商业贸易。早在蒙古大汗时期，其上层贵族经常以回纥商人为中介，替自己牟取利益。对于既能招财进宝又能扩大朝廷声威的航运贸易，当然就格外重视了。在元朝灭宋的同时，其领导集团即着手接管并组织对外航贸事务。至元十四年（1277），元世祖在攻占浙、闽，初定江南后，即招降并重用在海外有广泛影响的南宋泉州提举市舶使兼大海商蒲寿庚，并设置海外诸蕃宣慰使与市舶使。次年八月，他又下诏中书省，通过唆都、蒲寿庚等向海外宣布，“诸蕃国列居东南岛屿，皆有慕义之心，可因蕃舶诸人宣布朕意，诚能来朝，朕将宠礼之，其往来互市，各从所欲”（《元史·世祖纪》）。同时，令唆都奉玺书“招谕南夷诸国”。又遣亦黑迷失、杨廷璧、周观达、孛罗等频频出使南海与印度洋诸国，进行招诱及贸易活动，“于是，占城、马八儿二国首来通商，其他诸侯国次第效之，元代互市遂臻于盛”。

元朝除了官方直接出面招诱海外诸国外，还从至元二十二年（1285）起，采取“官本船”政策来推动航运贸易。所谓“官本船”，即由朝廷“具船、给本，选人入蕃，贸易诸货。其所获之息，以十分为率，官取其七，所易人得其三”(《元史·食货志》)。这种由封建国家投资而由民间海商或船主经营的做法，虽然想要垄断海外贸易，但在实际上并未行得通。“官本船”政策却一直维持下来，直到元末顺帝时，还曾专门发“两艘船下番，为皇后营利”。元朝统治者为维护中央特权、掌管市舶实惠，采取了控制中开放与开放中控制相结合的政策。元朝严禁市舶官员“拘占船舶，捎带钱物下蕃货卖”；而对“诸王、驸马、权豪、势要、僧道、也里可温、答失蛮诸色人等下蕃博易”，只要他们“依例抽解”，不借特权隐匿物货，便也在准许之列。由此，一些官僚贵族竞相去海外经营，以“巨艘大舶帆交番夷中”。然而，由于权贵参与航运贸易以及市舶官员巧取豪夺，“长吏巡徼，上下求索，孔窦百出”，使朝廷利益受到冲击。为此，元朝政府曾严令：“凡权势之家，皆不得用己钱入蕃为贾，犯者罪之，仍籍其家产之半。”(《元史·食货志》)元代著名

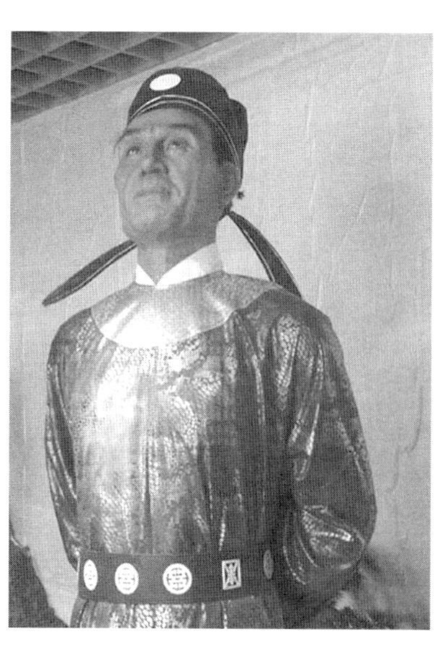

蒲寿庚像

的航海巨子如朱清、张瑄、蒲寿庚等皆由此以悲剧告终。

对于民间私商与国外来舶的航运贸易，元历代政府虽因某些政治需要而曾于至元二十二年（1285）至延祐七年（1320）间四度罢禁，但均为时短暂，禁后即行复开。自至治二年（1322），元英宗“复置市舶提举司”，至元末，就再也没有变化。于是，“往者富民，往诸蕃商贩，率获厚利”“商者益众”。尽管“海外蕃夷之国，去中国数万里，舟行千日而后始至，风涛之与凌，蛟龙之与争”，然而，“嗜利者必之焉”（《闻过斋集》卷三，又吴海：《知止轩记》）。

两宋时期，南方经济已在全国经济总体格局中占主导地位。沿长江的江湖六路和两川四路不仅是两宋王朝的粮食主产区，也是全国手工业最发达的地区。南方生产的大米和其他粮食、食盐、茶叶、丝绸、铜铁器皿、瓷器等货物，绝大部分被政府收购专卖或经商人运销全国各地乃至海外。长江流域的舟船贩运达到前所未有的规模，一些商贾拥有相当大的经济实力和航运力量，如湘潭船商李迁一年获利数千万贯。从事海外贩运的商人财力更为雄厚，朝廷不得不加以限制，令其家财不得超过2000万贯，船只不得超过两艘。一些商人挟巨资进入政界，如茶叶贩运商以金钱贿赂阍门，任官至秘阁编修。这些富商贩运茶、盐、粮、木等，其中尤以舟贩茶叶、食盐、粮食的富商财力最为雄厚。

两宋实行较为灵活的商业政策，甚至允许商人贩卖政府控制的专卖品，极大地刺激了商品的生产、交换和市场的扩大。

宋朝政府对民间贩运实行的政策主要有以下三条：

一是建立榷场，促进贩运发展。两宋政府对商业贸易抑而不禁，利用商行来控制商业行为，同时在江河沿岸建立榷场和榷货务，以控制贩运贸易。榷场制始于北宋建国之初，京师、建安（今湖南省全州湘江东岸）、汉阳、蕲口已设立榷场和榷货务。南宋时，榷场设立更多，其最大者是绍兴十二年（1142）设立的盱眙榷场，它地处淮、汴要冲，建有储货仓房 120 间。这就为从事贩运的船商提供了销售和储存货物的场所。榷场制度既有利于政府征收税利，也有利于商贾从事贩运活动。

二是整顿税制,严禁横征苛留。两宋政府一再下诏，禁止横征舟税，对某些货物实行免税，禁止税务机关强行苛征，改革不合理的量船制度，以保护舟贩商贾的合法利益。如三峡一带各州、县擅自在沿江设立“撞岸司”，商人舟船经过时，“每纳钱一百至一千二百”，此事淳化二年(991)经朝廷下诏罢除。宣和三年(1121)，朝廷下诏制止沿江各税场拦截商船、勒索钱物的不法行为，并准以舟船运输粮食到京师汴梁者，免除舟船回空税钱。绍兴十八年（1148），朝廷再次诏命各税场免去舟船商人的货税与回空税。这些诏令下达后，各处虽仍有违诏现象，但商舟贾贩的处境已有所改善。

三是物货收税，统一量船方法。北宋时期南北征收船税制度不一，给北方船只南航带来不便。元丰元年（1078），对量船方法进行了改革。

“海南收税，用船之丈尺量纳，谓之格纳。其法分三等，假如五丈三尺为第二等，则五丈二尺遂为第三等，所减才一尺，而纳钱多少相去十倍。加之客人所来州郡，货物贵贱不同，自泉、福、两浙、湖广来者，一色金银匹帛，所值或达万余贯；自高化来者，唯载米功、瓦器、牛畜之类，所值或不过二三百贯。其不等如此，而用丈尺概收税，甚非理么。以故泉、福客人多方规利，而高化客人不至，以此海南少有牛米之类。今欲立法……不用丈尺，止据物货收税讫……（上）从之。”（《宋会要辑稿·食货志》）

这项改革就是把按船只尺寸收税改为按所载货物价值收税，后者显然比前者要合理得多。朝廷之所以对贾贩通商给予一定优惠，是为了使京师市场不乏充足货源，以保证国都的繁荣。

在两宋适度宽松政策的推动下，内河商船贩运呈现出一派繁荣景象。成都一带，舟楫相聚多如蚁；沙市江畔，万商落日船交尾；鄂州岸边，商旅辐辏船连帆；江州港口，泊船万艘映朝晖。江宁、淮安也经常“舟船川流不息”。多数商人乃自备巨舟，如商人莫寅费钱3000贯在抚州建造大船往来于江淮之间，零陵商人吕绚用钱2000贯造一艘船经商于浙江一带。

茶、盐、粮、瓷、丝仍是传统的大宗商货，木材、药材等土特产也在商人贩运之列。

茶叶历来是商贩的重要货源。宋人喜饮茶，茶叶舟船运输量很大。汉阳、蕲口至真州为第一条茶叶运输线，江南运河为第二条茶叶运输线。每年南方所产2000多万斤茶叶，大都经上述两条运输线从扬州转运北方，或经连云港向北方运销。一些茶叶商拥有较强的经济实力，甚至可以左右政府的茶叶价格。至道元年（995），大茶商陈斌等人相约停止舟贩，公开向盐铁使陈恕提出将茶叶价格降到淳化四年（993）的水平，否则茶船不过江。政府被迫恢复官运，在榷务出卖，由此足见茶商势力之大。天禧元年（1017），大茶商田昌在舒州、太湖等地筹买茶叶装船运往开封。为鼓励茶商贩运，朝廷下诏，茶商舟船若循汴上京，可免船税。南宋时期，茶叶向北贩运虽受到一些限制，但只要茶商“更输通货侩息钱”，仍可将茶叶运往淮北销售。

北宋仁宗之前对食盐实行官运官销制度。庆历八年（1048）之后，开始实施商运商销，使盐商欢呼雀跃，盐运量大增，嘉祐年间岁运淮盐900万斤。之后又有反复，官运官销和商人运销交替实行。宋立法禁止贩运私盐，违者处死，但贩运私盐的活动屡禁不止，嘉祐三年（1058）一年内因贩运私盐而犯罪者达3099人。丰厚的盐利也吸引了一些官僚跻身其中，如庆历年间淮南转运使张可久一次就贩盐万斤以上。南宋时期的贾似道“令贩运百艘至临安卖之”。时人讥讽道“万舸千艘满运河，人人尽道相公鹾”。大量私人贩盐是两宋食盐运输的组成部分（罗传栋：《长江航运史·古代部分》，人民交通出版社1991年版）。

商贩运销粮食比运销食盐要实惠得多。“江湖连接，无地不通。一舟出门，万里惟意，靡有碍隔。民计每岁种食之外，余米尽以贸易。大商则聚小家之所有，小舟亦附大舰而同营，辗转贩粜，以规厚利。父子相袭，老于风波，以为常俗。”（叶适：《水心集》）粮食贩运者统称“米客”，贩粮船只称作“米客船”，经营者多为荆楚商人。贩米路线自湘江、汉水、赣江汇集于荆、鄂、江诸州，顺江而下，直达建康、镇江、杭州等地。商贩每年经长江下运的粮食，多则100万石以上，少则50万石。粮商在调剂余缺、保证供给方面起了较大作用。政府购得的米粮数额巨大，如隆兴年间向江西、湖南商人买粮200万石。每遇水旱灾害，朝廷都要诏令荆湖北路等地州军组织商人运米到淮东、淮西等受灾地区，以救助受灾百姓。

北宋时景德镇瓷器大量运往开封，宋室南渡以后，则运往临安（今杭州）销售。临安平津桥沿河一带有不少专售景德镇青白瓷器的商店，船只装载瓷器靠泊码头，“船舶深阔各数十丈，商人分占贮货，人得数尺许，下以贮物，夜卧其上。货多陶器，大小相套，无少隙地”（宋·朱彧：《萍洲可谈》卷二）。

辽国第一位汉族外交功臣——韩延徽

韩延徽（882—959），字藏明，幽州安次（今河北省廊坊市安次区）人，是辽国的一位开国功臣，谋士出身的政治家、改革家。五代十国初期，韩延徽最初效命于卢龙节度使刘仁恭、刘守光父子，后来他奉命出使契丹的时候，被耶律阿保机看中，最后成了阿保机的谋士，辅佐阿保机建立了辽国。韩延徽留在了辽国，他的子孙也在辽国世代为官，并开创了幽州韩氏一族的辉煌时代。韩延徽在辽国招募汉人来北方垦荒发展，所以越来越多的汉人来到契丹，后期的契丹已经形成了胡汉杂居的局面，客观上促进了各民族之间的交流与融合。汉

韩延徽像

人到契丹做农耕所缴纳的赋税，大大增强了契丹的经济实力。《辽史》卷七十四对他的评价是："太祖初元，庶事草创，凡营都邑，建宫殿，正君臣，定名分，法度井井，延徽力也。为佐命功臣之一。"

1. 任使节被扣留

五代十国初期，卢龙节度使刘守光夺其父位，杀其兄长，自称大燕皇帝。后梁乾化三年（913）十月，晋王李存勖讨伐刘守光，将其围困于幽州。当时局势危急，刘守光就派遣韩延徽向契丹求援，想击退李存勖部。但先是韩延徽执意不肯行跪拜之礼惹恼了契丹首领耶律阿保机，被扣留于契丹，罚去放牧，后有刘守光囚父弑兄（刘守文）遭到契丹人憎恶，所以契丹不肯出兵救援。这样，刘守光很快兵败，自己也被俘虏，幽州为李存勖所占。

后来，契丹国建立，耶律阿保机称帝，其皇后述律氏认为韩延徽有才有节，应该为契丹国所用，所以建议耶律阿保机启用韩延徽。耶律阿保机对韩延徽的言谈举止也十分满意，于是不再让他放牧，提拔他做了参谋军事。想到刘守光既死，就算返回故国，也无主可报，韩延徽只好答应为契丹效力，于是留在契丹任职。

此时的耶律阿保机虽然已经继任皇位，但实际上契丹国还只是刚刚从酋邦迈入民族国家的阶段，万事待兴。韩延徽不但向耶律阿保机建议学习汉制，建宫殿、兴城市、分君臣、制定稳定的婚姻制度，还鼓励世代以游牧为生的契丹学习农耕，发展农业。他的建议大多被契丹国采用并实施，推动了契丹农牧业的发展，改善了契丹人的生活，并融合了契丹与汉族的关系。他贡献突出，深受契丹朝廷信任。

2.“复来”契丹

韩延徽留居契丹数年后，还乡心切，伺机逃离契丹，回到晋阳（位于今山西省太原市西南），投靠晋王李存勖。晋王不计前嫌，收留韩延徽。掌书记（主管文秘的官员）王缄却对韩延徽十分嫉妒，极力排斥。韩延徽深感不安。为了避免祸难，不久，他以回幽州老家看望母亲为名离开晋阳。

韩延徽不敢回家探望母亲，经过常山（恒山，位于今河北省曲阳县西北）时，他躲藏到老朋友王德明家里。过了许多天后，韩延徽决定返回契丹。王德明劝韩延徽不可再回契丹，韩延徽笑着说："我回契丹不会有什么危险。契丹皇帝失去我，如同失去左右手。他见到我回去，一定会很高兴。"

李存勖像

韩延徽重返契丹后，契丹帝耶律阿保机确实异常高兴，拍着他的肩膀问道："这段时间你到哪里去了？"

韩延徽回答说："我很挂念母亲，回老家看望母亲去了。"

契丹帝又问道："为什么不辞而走？既然走了，为什么又回来？"

韩延徽说："如果连母亲都忘了，我就是不孝的儿子；如果离开皇上，我就是不忠的臣子。我虽然不辞而别去看望母亲，心里却时时在想着陛下。所以，我看望了母亲便回来了。"

契丹帝听韩延徽这么说，更加高兴，赐予他"匣列"（辽语意为"复来"）之名，任命他为守政事令，让他参与决策军政大事。

后来，晋王李存勖派使者来到契丹。韩延徽乘机托使者给晋王带去一封信，信中说："非不恋英主，非不思故乡，所以不留，正惧王缄之谗耳。"韩延徽拜托晋王照顾他的母亲，信中许诺说："延徽在此，契丹必不南牧。"

由于韩延徽从中斡旋，晋王（后唐庄宗）在位期间，契丹和中原一直相安无事。韩延徽官至契丹宰相，历事辽太祖、辽太宗、辽世宗三朝，于辽应历九年（959）在辽国去世，终年 77 岁（参见叶秀松：《中国古代风云录》，上海古籍出版 2012 年版）。

延伸阅读

两宋时期的外交官与外事制度

五代十国后期，汉族统一已成为历史趋势。后周显德七年（960）传言北汉与辽结盟进攻后周，周大将赵匡胤率军御敌。周军开至开封城东北的陈桥驿，匡胤部下以周恭帝年少（7 岁）不能行使皇权为由，而加黄袍（帝王装束）于匡胤之身，推为皇帝。这次兵变，旨在解决帝位问题，反映军队强烈要求有一位坚强的政治家来结束分裂局面，实现汉族的统一。赵匡胤“陈桥驿黄袍加身”后，率军折回京城开封，京中石守信在宫中内应，周室让位。由于赵匡胤曾任宋州（今河南商丘）归德军节度使，而改国号为宋，定都汴京，史称北宋。

赵氏建宋后，第一步统一原后周政权的中原领地，巩固了新政权。宋太祖立志统一中国，但在南进还是北进的问题上难以定夺。考虑到辽国的强大，宋朝决定“图南与其易”，先夺取南方，进兵两湖，而对北辽和西夏采取了防御的策略。为了不得罪辽国，宋把后汉政权（与辽有同盟关系）当作最后一个攻击目标。宋太祖从乾德元年（963）到开宝四年（971）共8年中，先后灭掉荆南、南平、后蜀、南汉，夺取川陕、两湖、两广之地。江南还存在一个后唐政权。南唐皇帝李煜是一个极好的“春花秋月”的诗人，但政治上却十分无能。北宋开宝八年（975）唐后主遣使徐铉等第二次“奉表乞缓师”，表示事宋如事父。

赵匡义像

但宋太祖回答说："天下一家，卧榻之侧，岂容他人鼾睡！"（李焘:《续资治通鉴长编·太祖开宝八年》）同年，宋兵攻入金陵（今南京），俘唐后主，灭南唐。南唐灭后，邻近的吴越降宋。此时宋太祖已死，其弟赵匡义继位，称宋太宗。

宋太宗统一南方后，北方还剩下五代十国的割据政权——北汉，位于太原地区。北汉与辽国为盟。宋太宗亲自讨伐北汉，北汉请援于辽。辽宋第一次冲突开始。北宋太平兴国四年（979），宋军打败辽国援军，乘胜围攻太原，北汉亡。至此，宋朝经过两代人的努力，终于征服了中原和江南，基本上统一了汉族，但没有统一中国。契丹族辽国在中国北方统治的版图就面积来说比宋朝大一倍以上，而且西部的党项族正在兴起，中国境内再次形成三大力量中心。

宋朝统治者为了防止割据势力的再起，加强了中央集权。宋沿唐制，但权力更加集中，政府机构庞大冗杂。宋朝国力日渐虚弱，对外完全采取守势，甚至多次屈辱求和。在外事制度上，皇帝具有对外决策决定权，中书门下政事堂及枢密院"对掌大政"，参与对外政策的制定。《宋史·职官志》介绍了枢密院的职能："掌军机国务，兵防、边备、戎马之政令，出纳密令，以佐邦治。"宋朝外交，主要是对辽、夏两国和后来的南宋对金、元两国，海外邦交已无唐朝盛况。宋朝仍设礼部、光禄、鸿胪寺等涉外机构，但“官无定员，无专职”。如鸿胪寺下属外事部门有都亭西驿、礼宾院、怀远驿、同文馆、客省使、引进司、四方馆等。宋朝主要外事官是主客，主掌迎送宾客和官方“朝贡”贸易。

宋主客司主要负责外来客的接待、布礼和发送。对于宋朝来说，并不像今天这样划分中国内外，因而凡不属宋政权统治的政权，包括辽、金、蒙古，都是“外国”。宋人庞元英在《文昌杂录》中记载：主客司只负责东方、西方、南方外蕃事务，而北方的辽、金、蒙不在主客司所掌之列。可见宋朝对辽、金、蒙的外交直接由朝廷办理。“主客所掌诸蕃，东方有五：高丽、日本、渤海、靺鞨、女真（建立金朝以前之女真族）。西方有九：西夏国、董毡、于阗、回纥、龟兹、天竺、沙门、伊州、西州。南方十有五：交趾、渤泥、拂菻、注辇、真腊、大食、占城、三佛齐、阇婆、流眉、陁罗离、大理、层檀、勿巡、俞卢和地。”（《文昌杂录》）

由上可知，除与辽金有外交活动外，主客司在宋朝的外事中起重要作用。“朝廷所以待远人之礼甚厚，皆著例录，付之有司。而诸蕃入贡，亦无虚岁焉。”（《文昌杂录》）从这句话可知主客司保存“例录”，用现在话说就是管理外交档案。还可以看出主客司掌宋与外蕃“贡赐”，即外国赠送和宋朝回赠这样一种特殊的官方贸易。而对民间贸易，另设各港市舶司。

宋朝同辽、夏、金、元等中国境内北方先后出现的政权之间的外交，政治因素多于经济因素。宋朝积弱，军事上长期被动挨打，因而外交上只能求和忍让。然而宋朝在其300多年的历史中，与海外的交通并未因中原战事而中断。辽、夏、金及后来的蒙古先后堵住了宋朝从陆上到西域或到朝鲜的通道，因此宋朝的对外联系大都通过海路。宋朝发展海外关系的目的在于发展贸易。南宋高宗在绍兴十六年（1146）传谕说："市舶之利，颇助国用。宜行旧法，以招徕远人，集通货贿。"（《宋会要》）实际上，北宋开国时就有意继承汉唐以来与南海及西洋的贸易关系。雍熙四年（987），宋太宗派遣宦官八人，分四路，每路"赍空名诏书（国书）三道，于所至之处赐之"。各路使臣"住南海诸蕃国，勾招进奉"。宋与海外的官方贸易，形式上还是以"朝贡"和"回赐"为名。但宋朝不如唐朝强大，远方自然不会自动朝贡，宋朝只有主动到外拉生意，即"勾招进奉"。宋朝这种政策，用现代话说就是对外开放。宋对外开放期间，官方"贡赐"贸易额今天是无法统计的。宋人周去非《岭外代答》一书介绍南方海国名近30个，《诸蕃志》所载海国诸国及附国多达90个以上。至于民间贸易更是不可计数。与宋国有贸易关系的地区按今时地名划分就是：东亚（高丽、日本），东南亚（菲律宾、印尼群岛、马来半岛、中南半岛、缅甸），南亚（印度、孟加拉、斯里兰卡），中亚细亚阿拉伯地区，东非、北非和欧洲地中海诸国。两宋时期对外贸易开放的港口就有广州、明州、杭州、泉州、密州、秀州、温州等。为了加强对外国官商（贡使）和民商进行管理，使国家安全不受威胁，宋先后在以上开放港口设置市舶司，既保证了外商利益和方便，又适当对中外民商征税以充国库。市舶司的职责是："掌蕃货海舶征榷贸易之事，使来远人，通远物。"（《宋史·职官志》）市舶司包揽当今海关、边防检查站和远洋公司的职权。

后　记

“一带一路”相关国家众多，代表性人物众多，为中外交好、民心相通作出杰出贡献的人士众多。因此，为“一带一路”璀璨群星立传，既使命光荣，又责任重大。在这项浩大工程的策划、组织、执行过程中，有许许多多的人士参加了有关传主的名单征集和审定，以及写作、翻译、审读、编辑、出版、筹资、联络等繁重而琐细的工作。所有参与的人员，以拳拳报国之心，尽深厚学养之力，克服了时间紧、任务重、要求高、压力大等诸多困难与挑战，最终圆满完成了任务。在本书付梓之际，丛书编委会特向参与本项目的全体同志致以崇高敬意和衷心感谢！

同时特别需要鸣谢的是提出策划并领导实施此项目的中国传记文学学会会长王丽博士，基于长期法律实务经验和担任“一带一路服务机制”主席职务的便利，她对相关国家和走出去的“一带一路建设者”和广大青少年的需求了解真切，提出应当为他们写一套介绍各国典型人物的简明易读的传记，为他们提供健康的精神食粮。她把这项“额外”的工作当成了事业，联袂商会筹集资金、苦口婆心招揽作者、精心挑选传主名录、夙夜青灯挥笔写作、近乎偏执逐字推敲、亲力亲为呕心沥血。面对如此浩大的出版项目和繁重的出版任务，中国出版集团华文出版社不但毅然承担了出版任务，而且集团和出版社的领导与中国传记文学学会的负责同志一起协商，寻求有关部门的支持和帮助，努力将该传系打造成高质量的精品好书。在此，我们特向项目牵头人和中国出版集团公司、华文出版社的相关领导和编辑致以崇高敬意和衷心感谢！

尤其让我们感动的是，在项目执行过程中，一些富有家国情怀的民间商会和企业家的慷慨解囊，虽不足以支撑项目的全部费用，但是他们所表现出的热心和支持，让我们坚定了走下去的信心和决心。在此，我们要特别鸣谢为本书的创作出版做出捐赠支持的中国民营经济国际合作商会、亿阳集团股份有限公司、富通集团有限公司以及太平洋证券股份有限公司，并对你们的拳拳报国之心和慷慨无私帮助致以崇高敬意和衷心感谢！

一项伟大的事业，离不开许多默默无闻的奉献者。在本传系的组织、编写、出版过程中，有历史、文学、科研、外交、教育、法律、翻译、出版等领域的数百位专业人士参与，恕不能在此处一一详列。需要特别提出的是，鞠思佳、徐帮学、景峰等同志为组织联络、搜集资料到处奔波而毫无怨言，唐得阳、唐岫敏、白明亮、谭笑等同志在编写、翻译、编辑、校对过程中的细致与负责让我们感动，赵实、胡占凡、高明光、吴尚之、刘尚军、李岩、王灵桂、李永全、陈小明、许正明、宋志军等同志睿智的指点和专业的帮助让我们避免了许多弯路。在此，我们特向以上各位同志致以崇高敬意和衷心感谢！

当然，由于我们水平所限，本丛书难免有某些不尽人意之处和瑕疵，敬请学界专家和各位读者不吝赐教，我们将在作品再版之时吸收完善。在此，我们也向各位读者提前表示崇高敬意和深深感谢！

《“一带一路”列国人物传系》编委会

2018年3月8日

赵匡胤画像
Portrait of Zhao Kuangyin

富弼画像
Portrait of Fu Bi

徐兢画像
Portrait of Xu Jing

段正严画像

Portrait of Duan Zhengyan

沈括画像
Portrait of Shen Kuo

范仲淹画像
Portrait of Fan Zhongyan

岳飞画像
Portrait of Yue Fei

洪皓画像

Portrait of Hong Hao

完颜阿骨打画像
Portrait of Wanyan Aguda

韩延徽画像

Portrait of Han Yanhui